LA CONVENTION DU 15 SEPTEMBRE

ET

L'ENCYCLIQUE DU 8 DÉCEMBRE

PAR

MGR L'ÉVÊQUE D'ORLÉANS

DE L'ACADÉMIE FRANÇAISE

PRÉCÉDÉE DU BREF DE S. S. PIE IX

ET SUIVIE D'UNE LETTRE AU JOURNAL DES DÉBATS

TRENTE-QUATRIÈME ÉDITION

PARIS

CHARLES DOUNIOL, LIBRAIRE-ÉDITEUR

29, RUE DE TOURNON

—

1865

LA CONVENTION DU 15 SEPTEMBRE

ET

L'ENCYCLIQUE

DU 8 DÉCEMBRE

PAR

Mgr L'ÉVÊQUE D'ORLÉANS

DE L'ACADÉMIE FRANÇAISE

————— ▶▶▶▷▷◦◦◦◦◦◦◦ —————

PARIS

CHARLES DOUNIOL, LIBRAIRE-ÉDITEUR

rue de Tournon, 29

—

1865

PARIS.— IMP. V. GOUPY ET Cᵉ, RUE GARANCIÈRE, 5.

FELICI EPISCOPO AURELIANENSI

PIUS PP. IX.

Venerabilis Frater, salutem et Apostolicam Benedictionem.

Ita, Venerabilis Frater, de Tua in Nos observantia et dilectione sentimus, ut licet nondum ad nos pervenissent ea scripta, quibus res disparatissimas feliciter juxta et utiliter es complexus, jam Nobis audire videremur vocem Tuam nobilibus commixtam vocibus Fratrum Tuorum, qui, ratione quavis humana et discrimine posthabito, fere omnes, constantia et libertate sacerdotali, asserebant apud supremos Imperii administros proculcata sanctæ hujus sedis ac propria jura, simulque fideles sibi creditos præmonere curabant de periculo errorum a Nobis damnatorum, eosque se execrari profitebantur, et eodem plane sensu, quo a Nobis fuerant reprobati. Itaque si jucunda, haud certe inexpectata Nobis accidit, cum diligentia, qua universis Tua diœcesis parochis litterarum Nostrarum copiam Te fecisse significas, tum oblatum opusculum, ubi, impavida Fratrum Tuorum interpellatione commendata, iis Te toto pectore accedere declaras. Hanc autem lucubrationem avide versantes, non sine voluptate vidimus, Te non modo recensuisse, meritoque damnasse contemptui calumnias et errores ephemeridum a quibus fœdissime perversus fuerat propositæ a Nobis doctrinæ intellectus; verum etiam graviter redarguisse injuriosum interdictum, quo salva ineptis infensisque scriptoribus blaterandi licentia, potestatem vulgandi exponendique litteras Nostras adimere libuit legitimis tantum earum interpretibus, quibus unis ipsæ datæ fuerant. Præcipuè vero delectati sumus illa fraudum, machinationum, turpissimæ procacitatis, direptionum, immanitatum enumeratione, quam, fretus indubiis vulgatissimisque factis, omnium oculis obvertere voluisti in priore incubrationis Tuæ parte, ut ingenium eorum patefaceres, quorum præclaræ custodiæ, per conventum diei 15 præteriti septembris committi placuit prædæ reliquias et sanctitatem Nostrorum jurium. Gratum itaque Tibi significamus animum Nostrum, pro certo habentes, Te, pro zelo, quo religionis et veritatis causam tueri soles, eo studiosiùs atque accuratiùs traditurum esse populo Tuo germanam Nostrarum litterarum sententiam, quo vehementius calumniosas interpretationes iis afflictas explosisti. Dum autem hujus studii amplam Tibi mercedem ominamur, auspicem ejus et præcipuæ Nostræ benevolentiæ testem Apostolicam Benedictionem Tibi, Venerabilis Frater, Tuæque diœcesi universæ peramanter impertimus.

Datum Romæ apud S. Petrum die 4 Februarii 1865, Pontificatus Nostri anno XIX.

PIUS PP. IX.

FÉLIX ÉVÊQUE D'ORLÉANS

PIE IX, PAPE.

« Vénérable Frère, Salut et Bénédiction apostolique.

« Notre cœur connaît si bien, Vénérable Frère, votre
« dévoûment respectueux et votre affection pour Nous,
« que, même avant d'avoir reçu l'écrit dans lequel vous avez
« si heureusement et si utilement traité à la fois deux su-
« jets qui étaient sans rapport entre eux (la Convention du
« 15 septembre et l'Encyclique du 8 décembre), il Nous
« semblait que déjà Nous entendions votre voix se mêler
« aux nobles voix de vos Frères. Presque tous, sans se lais-
« ser arrêter par aucune considération humaine, ni par le
« danger de leur position, affirmaient, avec une fermeté et
« une liberté toute sacerdotale, devant les ministres de
« l'Empire, les droits essentiels du Saint-Siége et de l'épis-
« copat méconnus. Ils prenaient soin en même temps de
« prémunir les fidèles confiés à leur sollicitude contre le
« péril des erreurs condamnées par Nous, et ils déclaraient
« réprouver ces erreurs au même sens où Nous les avions
« Nous-même réprouvées. Aussi avons-Nous été charmé,
« mais certes non surpris, soit du zèle avec lequel vous
« avez fait parvenir Nos Lettres à tous les Curés de votre
« diocèse, soit de l'écrit dont vous Nous avez adressé l'hom-
« mage, et dans lequel, après avoir rappelé avec éloges les
« intrépides protestations de vos Frères dans l'Épiscopat,
« vous déclariez vous y associer de tout cœur. En lisant donc
« avec une attentive avidité votre écrit, Nous avons été
« heureux de voir que non-seulement vous aviez relevé et
« justement livré au mépris les calomnies et les erreurs

« des journaux qui avaient si misérablement défiguré le
« sens de la doctrine proposée par Nous ; mais encore que
« vous vous étiez élevé avec force contre l'injuste inter-
« diction par laquelle, toute liberté de déclamer contre Nos
« paroles étant laissée à des écrivains incompétents et hos-
« tiles, défense de publier et d'expliquer Nos Lettres avait
« été faite à ceux-là seulement qui en sont les légitimes
« interprètes, et à qui seuls elles étaient adressées. Mais ce
« qui Nous a aussi causé la plus vive satisfaction, c'est que
« vous n'avez pas craint d'énumérer tant de mensonges, de
« machinations, de honteuses insolences, de spoliations
« et de cruautés, que vous avez voulu, appuyé sur les faits
« les plus incontestables et les plus notoires, remettre sous
« les yeux de tous, dans la première partie de votre écrit,
« pour faire bien connaître ce que sont ceux à la bonne
« garde desquels, par la Convention du 15 septembre der-
« nier, on croirait pouvoir confier ce qui reste de leur proie,
« et Nos droits sacrés. Nous vous adressons donc le présent
« témoignage de Notre gratitude, certain que, avec votre
« dévoûment accoutumé pour la défense de la religion et
« de la vérité, vous enseignerez et ferez comprendre à
« votre peuple le vrai sens de Nos Lettres avec d'autant
« plus de zèle et de soin que vous avez réfuté plus vigou-
« reusement les calomnieuses interprétations qu'on leur
« infligeait. En vous donnant donc l'espérance que Dieu
« vous récompensera amplement de votre travail, Nous
« vous envoyons, avec effusion, comme gage de cette ré-
« compense et comme témoignage de notre particulière
« affection, pour vous et pour tout votre diocèse, Notre
« bénédiction apostolique.

« Donné à Rome, le 4 février 1865, de notre Pontificat le
« dix-neuvième.

« PIE IX. »

LA CONVENTION DU 15 SEPTEMBRE

ET

L'ENCYCLIQUE DU 8 DÉCEMBRE

~~~~~~~~~~~~~~~~~~~~~~

L'année qui vient de rejoindre les siècles écoulés a légué à l'année 1865 deux actes destinés à exercer sur la situation présente de l'Eglise catholique une influence considérable.

Le 15 septembre 1864, il a été signé entre l'Empereur et le Roi Victor-Emmanuel une *Convention* par laquelle la France s'engage à abandonner, dans deux ans, à l'Italie la garde de la Papauté.

Le 8 décembre 1864, le Souverain-Pontife, le Pape Pie IX a adressé une lettre Encyclique à tous les Évêques du monde.

Le premier de ces actes était un acte politique, et bien qu'il intéressât puissamment la religion, il a pu être fait sans consulter les Évêques. Ils ont eu beaucoup à penser, rien à dire.

Le second de ces actes était un acte religieux. Qu'on le remarque bien, il était adressé aux Évêques seuls. Le Pape, en les exhortant à combattre avec énergie autour d'eux les erreurs qu'il signalait, les laissait juges du moment, de la forme, des explications utiles, selon le besoin des fidèles et les circonstances des temps et des pays.

Or, cet acte, ainsi communiqué par le Souverain-Pontife aux Évêques, a reçu, par la voie des journaux, une publicité immense, sans délai, sans précaution, sans limite. Cet acte qui n'était adressé qu'aux Évêques, les Évêques seuls se sont vu retirer, par une circulaire de M. le ministre des cultes, en date du 1er janvier 1865, la faculté de le publier.

Je puis acheter 400 numéros du *Siècle* contenant l'Encyclique, et l'envoyer à tous les curés de mon diocèse. Si l'un d'eux monte en chaire, et lit cette Encyclique à ses paroissiens, il commet un abus, et le journaliste n'en a commis aucun.

Si, dans cette paroisse, un temple protestant est ouvert, le ministre peut lire l'Encyclique et la commenter, le prêtre catholique ne le peut pas.

Et quel est le motif de l'interdiction ? On affirme que la lettre du Pape contient plusieurs propositions *contraires à la Constitution du pays.* Pour ma part, j'affirme que cela n'est pas et je le démontrerai.

Mais, s'il en est ainsi, toute publicité devait être interdite, et le ministre protestant ou l'écrivain contreviennent à la loi, aussi bien que le prêtre ou l'évêque.

Nullement.

La loi que l'on applique est une loi spéciale, contenant des pénalités spéciales, contre une classe spéciale de citoyens, en vertu d'une liberté spéciale que l'on appelle *gallicane,* inventée par deux souverains spécialement libéraux, qui se nommaient Louis XIV et Napoléon Ier.

Ah ! qu'ils sont d'admirables logiciens ces libéraux cor-
rupteurs de la langue française, qui nomment *empiétement*
une Encyclique d'un Pape désarmé, et *liberté* la circulaire
d'un ministre qui commande à tous les tribunaux et à la
gendarmerie !

Je ne m'étonne pas qu'un certain nombre de mes véné-
rés collègues, placés dans ce douloureux conflit, dont nous
ne sommes pas les auteurs, se soient crus obligés de passer
outre à la circulaire administrative, ayant à défendre à la
fois la parole pontificale et leur propre dignité.

Ils ne s'exposent, dit-on légèrement, qu'à bien peu de
chose. On se trompe. S'ils sont condamnés, ceux qui leur
donneront tort mépriseront leur ministère, et ceux qui leur
donneront raison mépriseront la justice du pays. Deux grandes choses sortent toujours blessées de ces combats malheureux.

Je ne m'étonne pas que d'autres Évêques aient pro-
testé, dans des lettres dignes et graves, et je les remercie
de ces protestations en m'y associant hautement.

Mais ces exemples et ces paroles ne nous font pas sortir
de la gêne. Les fidèles et le public réclament autre chose.
Pendant ce temps, les commentaires injurieux de la presse
vont leur train. On nous condamne sans nous entendre,
on nous frappe sans délier nos mains ; on soufflette notre
Père sans qu'il nous soit permis de courir à sa défense.

Je me débats dans ces chaînes, blessé comme Évêque,
comme fils, comme citoyen, comme homme d'honneur, et
je demande avec anxiété aux lois de mon pays si elles
ne me laissent pas une ressource, un moyen, un seul, de
dire et de crier ce que j'ai dans l'âme et sur les lèvres.

Il y en a un, en effet, un seul, et je m'en saisis. Je ne puis pas faire un mandement; je puis faire un écrit. Or, n'ayant pas le temps d'hésiter, ni la volonté d'irriter, j'userai du droit que l'on ne me conteste pas, sauf à me concerter avec mes collègues sur le droit qui nous est nié. Je descendrai, une fois de plus, dans l'arène, sur le terrain de la publicité.

Il est ingrat, ce terrain ! car je me découvre et je m'expose ; je suis seul et le plus faible contre une armée d'adversaires qui vont tous se lever contre moi, sans que je sache auquel répondre. Qu'ils en fassent à leur aise. Ni mon honneur, ni ma conscience ne leur envient ce genre de triomphe.

Puisque j'use de mon droit de citoyen, de celui-là seul, mais de celui-là tout entier, on trouvera bon que je parle à la fois de la *Convention du 15 septembre* et de l'*Encyclique du 8 décembre*.

On s'est efforcé de démontrer que le second de ces deux actes est la réponse au premier. C'est une erreur, je le sais et je l'affirme. Les périls que court sa personne, Pie IX les méprise. Les ennemis qui le combattent, il leur pardonne. Son âme n'est occupée que des périls de l'Église, et des ennemis de la vérité.

On ajoute que le second de ces actes est le meilleur argument en faveur du premier : c'est une erreur encore.

Le fait vrai, c'est que ces deux actes ne sont rapprochés que par leurs dates.

Dans l'un, deux puissants souverains de deux grands pays disposent de leur voisin, petit souverain d'un très-petit pays. C'est de la politique.

Dans l'autre, le représentant le plus élevé de Dieu sur la terre s'adresse, non pas à tel ou tel roi, à tel ou tel peuple, à telle ou telle opinion, mais à tous les évêques établis sur la surface de la terre, du Canada à la Chine et de l'Angleterre à l'Afrique. C'est de la religion.

La politique et la religion donnent ainsi au monde leur mesure; d'un côté, j'en conviens, est la puissance; de l'autre est la grandeur.

Quelques-uns de mes amis auraient désiré que je ne parlasse que de l'un de ces deux actes, de *l'Encyclique* et non de la *Convention*.

Pourquoi, me disaient-ils, parler d'une Convention à laquelle déjà on ne pense plus ?

C'est précisément parce qu'on n'y pense plus, que j'en veux parler.

Je sais bien que l'attente du public est plus vive à l'heure qu'il est sur *l'Encyclique*; mais je n'écris pas pour satisfaire la curiosité; j'écris pour l'Église et pour le Saint-Siége. Je vais là où je vois le péril.

On ne pense plus à la *Convention*. — Vous, peut-être; mais d'autres y pensent; et en est-elle moins la menace suspendue et imminente sur la Souveraineté Pontificale?

Sans la *Convention*, on eût fait, j'en suis convaincu, beaucoup moins de bruit autour de l'*Encyclique*.

Si je réunis donc ces deux actes si divers, c'est pour démasquer une tactique trop visible.

Il est manifeste que les journaux et les ennemis de l'Église veulent désormais parler le moins possible de la *Convention*, et la tenir en réserve pour le bon moment, comme une arme cachée sous le manteau. Je les vois, en attendant, afficher, exagérer, défigurer l'*Encyclique*, calomnier le Pape, lasser ou exaspérer l'opinion, et, pour tout dire en un mot, s'efforcer de retirer de Rome les respects avant qu'on en fasse sortir les régiments.

Je ne serai pas dupe. Je parlerai des deux actes à la fois, j'envisagerai la situation tout entière, j'affronterai les deux périls.

Sur la *Convention,* je poserai des questions.

Sur l'*Encyclique*, je donnerai des réponses.

J'ai besoin d'instruire et d'être instruit.

On me trouvera, peut-être, bien arriéré. Citoyen français, je ne suis pas encore habitué à comprendre une loi ou un traité solennel, sans qu'il m'ait été expliqué par une discussion publique entre le gouvernement et les représentants du pays.

Évêque catholique, je ne suis pas encore habitué à voir une Encyclique du Pape interprétée par un concile de journalistes.

Or, j'ai à parler d'une *Convention* qu'aucune explication officielle n'a éclairée, et d'une *Encyclique* qu'une nuée d'explications sans autorité ont obscurcie.

On reconnaîtra que le devoir que je viens accomplir est difficile, mais aussi qu'il est nécessaire.

Je ferai de mon mieux.

PREMIERE PARTIE

PREMIÈRE PARTIE.

La Convention.

———

I.

Je commencerai en disant mon opinion sur la *Convention du 15 septembre 1864*, par laquelle la France s'est engagée envers le roi Victor Emmanuel à quitter Rome dans deux ans.

On ne m'accusera pas, sur ce point, d'avoir cette fois parlé trop tôt.

J'avais pour attendre deux graves motifs.

Rien ne fut jamais moins agréable que le rôle de prophète de malheur. Cependant je l'ai rempli sans hésiter, quand il l'a fallu; et dès le commencement de cette douloureuse question, j'en ai prévu la fin. J'ai suivi tous les pas qu'on a laissé faire au Piémont vers Rome, et ce que M. de Falloux a nommé l'*itinéraire de Turin à Rome*. Par suite, j'ai vu la grande inspiration de la France, vivante encore dans un vote mémorable de l'Assemblée nationale en pleine République, vivante dans les paroles du général Cavaignac, s'écriant : « Il faut voler au secours du Saint-Père, » vivante dans les premières et nobles déclarations de notre Empereur actuel ; j'ai vu, dis-je, cette grande inspiration s'affaiblir et s'épuiser. J'ai vu la garantie solennelle du droit devenir une protection provisoire ; la protection du droit devenir une garde de la personne, la garde une simple escorte, l'escorte une faction aux portes de la maison et du jardin ; puis il m'a semblé que l'arme devenait pesante au bras qui la portait : j'ai suivi les jours, marqué les degrés, compté les heures : catholique inquiet, citoyen humilié, je n'étais pas pressé d'ajouter une pièce de plus à ce dossier dont les juges seront Dieu et la postérité.

J'avais un second motif d'ajourner. Ne voulant pas cesser de croire fermement à la sincérité du gouvernement français, représenté dans la négociation qui a précédé la *Convention* par M. Drouyn de Lhuys, j'ai voulu attendre, écouter, réfléchir, avant de m'avouer que mon pays, si souvent trompé par le Piémont dans les affaires d'Italie, venait de l'être une fois encore, et de faire un pas de plus vers l'abandon complet du pouvoir pontifical.

Maintenant, après l'interprétation donnée par le Piémont à la Convention, je n'en doute plus.

Je ne connais pas de douleur comparable à celle qui suit une telle constatation. Elle est plus pénible encore, lorsqu'on a été conduit vers cette triste évidence à tâtons et à travers les ténèbres, à travers des heures, de longues heures d'incertitude, d'attente, d'hésitation, d'équivoque et d'angoisse, que ne parvenaient pas à dissiper les explications embarrassées et superflues d'un ministre faisant des efforts sincères, mais vains, pour ne pas s'avouer à lui-même que sa parole avait été prise à des embûches.

Comment avons-nous appris, nous, évêques, cette Convention qui intéresse la personne et les droits du Chef de l'Église? Comment en a-t-il été informé lui-même?

Par les indiscrétions incomplètes de quelques journaux mis à moitié dans le secret.

Un jour nous avons appris que deux étrangers avaient traversé Paris, puis qu'ils étaient partis, comme des voyageurs pressés, après leur commission faite, emportant dans leur bagage une feuille de notre histoire nationale, un traité qui engage la France et qu'elle a ignoré.

Il est vrai, ce traité avait reçu la signature de l'Empereur, qui, par des promesses répétées, s'est engagé solennellement à soutenir le Pape, et la signature d'un ministre, rentré aux affaires dans l'honneur de cette résolution : ce devait être assez pour se confier ; ce n'était pas assez pour comprendre. On ne comprenait pas bien, en effet, à quel intérêt la France obéissait en changeant brusquement de rôle.

Je ne parle plus ici du rôle de la France sous Charlemagne. Et, cependant, je me dis avec douleur : Est-il donc entendu que nul ne doit plus songer à ce rôle magnanime ? Je ne parle plus du rôle de la France en 1849, ni du rôle de la France à de fréquentes reprises, pendant les mille ans qui séparent ces deux époques.

Mais il était un rôle moins beau, et toutefois honorable encore, et accepté depuis quelques années. En gardant Rome, et en maintenant dans les États pontificaux si violemment diminués, une occupation si restreinte, l'Empereur réalisait encore, disait-on, quatre grands avantages : il devait à cette occupation l'estime de l'Europe catholique, la tenue en respect de l'Italie révolutionnaire, la gratitude du clergé français, et enfin une position politique et stratégique importante.

Que gagnera la France à perdre cette position? Je ne me l'explique pas ; mais ce n'est point mon affaire, du moins comme évêque. Je me persuadais au moins qu'en quittant Rome, la France ne délaisserait pas le Pape, et qu'averti des ambitions persistantes et des violences passées du Piémont, elle prendrait des garanties sérieuses.

On affirmait que tout cela se trouvait dans le traité.

Plusieurs me conseillaient la confiance, ou au moins la résignation.

Que voulez-vous? me disaient-ils, quand la Convention était imparfaitement connue, que voulez-vous? Ce qui est perdu est perdu. L'important est de conserver ce qui reste. Or, si Victor-Emmanuel renonce définitivement à Rome, si la France en garantit positivement au Saint-Père la possession stable, si le Saint-Père, appuyé sur des troupes à lui et sur des ressources suffisantes, est mis à même de continuer librement au Vatican, désormais sans ennemis, le cours de son divin ministère et de son royal sacerdoce, que voulez-vous de plus? Sans fermer toutes les plaies, sans donner satisfaction à tous les droits, cet État réduit, très-injustement réduit, mais paisible, n'est-il pas préférable à ce qui est?

Attendons, disais-je, et voyons les textes et les faits.

Eh bien ! les textes et les faits ont parlé. Je sais désormais à quoi m'en tenir, et je trouve opportun de dire sur ce point ma pensée tout entière, et d'aller au fond des choses.

On me trouvera peut-être long ; mais dans quelques jours le Sénat et le Corps législatif vont s'assembler, et une discussion décisive aura lieu sur cette grande question. C'est pourquoi je veux la traiter à fond et l'embrasser une dernière fois dans son ensemble. Le moment est pressant ; il faut éclairer le présent et l'avenir par le passé.

Quel est le sens attaché par la France à ce traité?

M. le ministre des affaires étrangères a eu la bonté de nous l'expliquer par des dépêches qui présentent ainsi le rôle du Piémont :

L'Italie se convertit, elle revient à des sentiments plus raisonnables ; on peut se fier à elle. Ne pouvant pas aller à Rome, elle se contentera de Florence pour capitale. Bien plus, elle gardera la frontière du Pape, au lieu de la franchir. Nous plaçons le Pape sous la garde d'un bon voisin, nous lui laissons le droit, sinon le moyen de refaire son armée et ses finances.

L'Italie est faite, Rome est préservée ; notre tâche est finie.

Mais le Piémont l'entend autrement, et les commentaires officiels, donnés par Turin à la *Convention*, vont le démontrer avec la dernière évidence à tout homme impartial et de bonne foi.

Reprenant, au sujet de cette *Convention* qui semble devoir tout achever, la suite nécessaire des choses, je vais dire simplement :

1° Ce que je pense du Piémont ;

2° Ce que j'espère de la France.

Et j'ajouterai quelques observations, sur ce qu'on demande au Pape, et enfin sur ce que seront ici les responsabilités.

I

CE QUE JE PENSE DU PIÉMONT.

Ce n'est pas par une vaine affectation de purisme politique que je dis : le *Piémont* et non l'*Italie*.

Je dis le *Piémont*, parce que le *Piémont* est coupable, et que je ne veux pas accuser l'Italie. L'ambition du Piémont, l'alliance de son roi et des révolutionnaires a fait et fait tout le mal. L'immense majorité de la population en Italie, on s'en aperçoit tous les jours, est calme, religieuse, patiente. La résignation est son trait caractéristique, et elle le doit à la religion. Elle aime, elle vénère le Pape, elle désire son pardon et sa bénédiction. Si la confédération, dont l'Empereur a eu la pensée, se fait quelque jour, l'Italie a, dans l'avenir, je le crois, comme elle l'a eue dans le passé, une mission providentielle. J'aime, je plains l'Italie, plus victime que complice, et c'est pourquoi, ayant le devoir d'accuser j'évite son nom toujours cher et je flétris seulement le *Piémont*.

Donc ce que je pense du Piémont.

Simplement, ce que les faits me condamnent à en penser.

Je n'ai aucune confiance dans le Piémont, et je ne crois pas que la France puisse en avoir. — Pour moi, je suis résolu à ne pas me faire d'illusion. Je regarde à ce qui seul parle net et haut, à ce qui ne trompe que ceux qui veulent être trompés. Je vais droit aux faits, et je suis aise de les résumer une bonne et dernière fois :

Pour apprécier un traité, il est essentiel de bien connaître les parties contractantes. Il importe de ne pas se tromper sur celui avec lequel on contracte, de bien savoir quel est son caractère et sa moralité, le sens qu'il attache aux mots qu'il emploie, et les moyens par lesquels il marche à ses fins.

Je compte les mots pour peu de chose. Ah! sans doute, le Piémont a pris à son usage de belles paroles : *l'Église libre dans l'État libre ; — les forces morales ; — les progrès de la civilisation ; — les aspirations nationales ; — le droit nouveau ; — le vœu des populations...*

Mais, je ne sais pas entendre les choses légèrement, ni parler en l'air, et je demande le sens de ces mots à la conduite même du Piémont, à sa politique depuis quinze ans, aux plans poursuivis, aux faits accomplis.

C'est ici une question délicate : Je l'aborderai cependant, bien sûr d'avance et demandant à Dieu de ne rien dire qui puisse blesser mon pays, dont l'honneur est le mien, ni blesser la vérité de l'histoire, dont le témoignage est libre, souverain, et immortel.

Reprenant donc toute la suite des faits, je tâcherai d'être court.

— Et d'abord *l'Église libre dans l'État libre,*

L'Église libre ; c'est, pour le Piémont, depuis quinze ans :
Tous les biens de l'Église confisqués ;
Les ordres religieux supprimés ;

Les religieuses jetées dans la rue ;

Les évêques en prison ;

Les clercs soumis à la conscription ;

Les évêchés vacants ;

Les concordats avec le Saint-Siége violés ;

Les immunités ecclésiastiques, stipulées par un traité, abolies ;

La loi Siccardi, votée aux cris de : *Vive Siccardi ! à bas les prêtres !*

La loi sur le mariage civil votée, le 5 juin 1852, malgré le Pape, malgré le concordat, malgré les évêques ;

La loi du 25 novembre 1854, violant formellement, contre l'Église, l'art. 29 du Statut national : « Toutes les propriétés sont inviolables, *sans exception d'aucune sorte* (1);

La loi d'octobre 47, soumettant les écrits des évêques à la *censure préventive* ;

La loi d'octobre 48, instituant des conseils laïques pour surveiller l'enseignement de la religion et des catéchismes, et nommer même *les directeurs spirituels* dans les institutions religieuses ;

La loi de décembre 48, qui soustrait les thèses pour les grades canoniques à l'examen des évêques ;

---

(1) Mot introduit par Charles-Albert, précisément pour protéger les propriétés ecclésiastiques : ce qui inspira à M. de Revel à la Chambre des députés ce beau mouvement: « Certes, Messieurs, si le roi Charles-Albert, dont l'image est ici présente, avait su comment en ce jour on ose interpréter ses intentions et ses actes, il aurait retiré cette main qu'il étend pour jurer la Constitution.... oui, Messieurs, il l'aurait retirée. »

Mais qu'importaient aux Piémontais les serments et la main desséchée de Charles-Albert !

L'antique académie de la Superga, maison des hautes étu
des ecclésiastiques du royaume, supprimée ;

Enfin, la loi de 54, par laquelle on prétendait fonder
une théologie d'État, soumettre les écoles de théologie dio-
césaines à l'inspection de l'État, obliger les professeurs des
séminaires à suivre les programmes de l'État ;

Et cela, au moment même où dans l'université de Turin on
enseignait :

« L'omnipotence de l'État sur l'Église ;

« L'incompatibilité du pouvoir temporel et du pouvoir
spirituel ;

« L'impossibilité de démontrer que le mariage soit un sa-
crement ;

« L'impuissance de l'Église à établir des empêchements
dirimants au mariage ;

« Enfin, que l'Église catholique, et spécialement le Saint-
Siége, est l'auteur du schisme d'Orient (1). »

Telle était *l'Église libre dans l'État libre.*

Les actes du Piémont étaient conformes à ces lois.

Dès 1850, l'archevêque de Turin était emprisonné, puis
banni ; l'année suivante, ce fut l'archevêque de Cagliari,
puis l'archevêque de Pise, puis l'archevêque Cardinal *de
Angelis*, puis les autres. Et au moment où j'écris, la moitié
des évêchés du Piémont sont sans évêques, et il en est de
même dans toute la péninsule.

Les prêtres étaient mis sous la surveillance de la police,
et poursuivis, non pas seulement par les proclamations de
Garibaldi, disant à Pavie, aux étudiants, de *prendre les*

---

(1) Propositions auxquelles, pour le dire en passant, plusieurs articles
de l'Encyclique et du *Syllabus* ont pour but de répondre.

pavés des rues pour exterminer les robes noires, mais par des circulaires ministérielles, qui accusaient le clergé de tremper dans les émeutes pour la cherté des grains.

Les Chartreux de Collegno, que M. Rattazzi félicitait, le 18 octobre 1852, d'avoir, *avec une charité toute chrétienne*, cédé une partie de leur maison pour des aliénés, étaient deux ans après, le 10 août 1854, mis dans la rue par le même ministre.

Coup sur coup, on expulsait violemment les religieux de la Consolata et de Saint-Dominique, les prêtres même de Saint-Vincent-de-Paul, les religieuses Oblates de Pignerol es, les Servites d'Alexandrie, qui venaient d'envoyer deux de leurs Pères à Gènes, pour en remplacer quatre autres morts au service des cholériques.

Les femmes elles-mêmes, les Sœurs de charité, n'étaient pas épargnées.

Les montagnes de la Savoie ne dérobaient pas à la persécution l'antique compagnie des dames de *la Compassion*, pour le service des pauvres et des malades.

Les carabiniers expulsaient nuitamment les religieuses de Sainte-Croix : « Je remercie Dieu, écrivait la supérieure, de ce qu'aucune de mes filles n'est morte dans la rue. »

Déjà, on avait proscrit les dames du Sacré-Cœur : toutes leurs maisons avaient été fermées, leurs élèves dispersées, et leurs biens, meubles et immeubles, affectés au trésor public.

Bref, 7,850 religieux furent dépouillés et livrés à tous les besoins.

Voilà comment le Piémont entendit tout d'abord *l'Église libre dans l'État libre*. Et à l'heure qu'il est, il ne l'entend pas autrement, et il est en train de faire dans les provinces annexées ce qu'il a fait chez lui : c'est hier même que nous lisions dans les journaux les nobles paroles des évêques de Toscane « se déclarant prêt à aller demander à leurs « fidèles le pain qu'eux-mêmes donnaient autrefois. »

— *Les aspirations nationales*, invoquées hier encore, après le traité du 15 septembre, par le Piémont, n'ont jamais eu pour lui qu'un sens : s'emparer de Rome et renverser le Pape.

M. de Cavour ne dit pas autre chose dans ce *memorandum* par lequel, au congrès de Paris, il se fit l'accusateur public du Pape, en termes tels que le *Times* put écrire : « Rien de ce que pourrait dire une assemblée puritaine d'Édimbourg ou de Belfast, n'irait plus loin. »

C'est ce *memorandum*, que le journal même de M. de Cavour, *Il Risorgimento*, appela « l'étincelle d'un irrésistible incendie. »

Pour arriver à ce but, le Piémont a fait alliance étroite et cause commune avec la révolution, en ayant l'air de la désavouer : il a activé, dans toute l'Italie, par « les voies souterraines » dont parlait récemment M. Drouyn de Lhuys, la plus violente propagande révolutionnaire; il a poussé, soudoyé, armé dans l'ombre ceux qui étaient chargés de miner toutes les souverainetés de la péninsule, et surtout la souveraineté pontificale : telles furent sa politique et ses *aspirations nationales*.

Vainement l'Empereur protesta-t-il que *la guerre ne déposséderait pas les souverains, et n'ébranlerait pas le trône du Saint-Père :* au moment même où l'Empereur prononçait ces paroles, M. de Cavour s'abouchait avec les chefs des so-

ciétés secrètes, et traçait de concert avec La Farina, président de la Société nationale, tous les plans des futures
révolutions, en prenant soin toutefois de lui dire : « Vous,
vous n'êtes pas ministre, vous pouvez agir librement ; mais
sachez que si je suis interpellé à la chambre, ou molesté par
la diplomatie, je vous renierai (1). »

Tels sont les *moyens moraux* que M. de Cavour mit au
service de ses *aspirations nationales*, et le *droit nouveau*
qu'il inventa.

Ce que faisait ainsi M. de Cavour, les ambassadeurs piémontais près les cours italiennes le faisaient de leur côté.
Le roi Victor-Emmanuel va précisément ces jours-ci revoir
à Florence un hôtel habité en 1859 par son ambassadeur,
M. Buoncompagni. Or, lorsque le Grand-Duc, très-sincère
et très-bon souverain, oncle du roi d'Italie, occupait encore
le palais où son neveu couchera bientôt, il chargea le marquis de Lajatico de composer un ministère libéral ; et quand
cet homme politique alla chercher ses futurs collègues, où
les trouva-il ? En train de conspirer contre le Grand-Duc
chez M. Buoncompani, à la faveur de l'immunité accordée
aux ambassadeurs.

Ceci fut officiellement transmis par le représentant de la
Grande-Bretagne en Toscane, M. Scarlett, à son gouvernement (2).

M. Scarlett écrivait encore au comte de Malmesbury, le
15 mai 1859 :

« Dans ma conviction, ce qui est arrivé à Parme n'était
qu'une partie de *la grande conspiration ourdie par le*

---

(1) Nicodemi Bianchi, *Documenti sul conte di Cavour*. Turin, 1863.
(2) Dépêche de M. Scarlett à lord Malmesbury, du 29 avril 1859.

Piémont : cette conspiration avait des ramifications dans toutes les villes d'Italie. »

En effet, après une première révolution provoquée par les émissaires piémontais, la duchesse de Parme, ayant été rappelée par le vœu spontané de ses sujets, M. de Cavour, pour suppléer à l'insuffisance *des aspirations nationales*, fit occuper militairement le duché.

A Naples, la maison du ministre piémontais, qui avait été plénipotentiaire avec M. de Cavour au congrès de Paris, devint le même *le centre habituel* (1) de tous les conspirateurs.

C'est ainsi que le Piémont respectait le droit des gens, et mettait en œuvre *les forces morales* et *le droit nouveau* : *Droit nouveau*, en effet, et que les peuples civilisés n'avaient jamais connu jusqu'ici.

Voyons maintenant, pour profiter de l'enseignement du passé et pour apprendre à mieux prévoir l'avenir, de quelle manière *les annexions* succédèrent aux *révolutions*.

On offrit, suivant le programme tracé, la dictature, dans les duchés et dans les États pontificaux, à Victor-Emmanuel, qui s'empressa de l'accepter. Mais n'en ayez aucune inquiétude, disait M. de Cavour, ceci n'est que provisoire. Le gouvernement français lui-même s'y trompa.

« On semble ne pas se rendre un compte suffisamment « exact du caractère que présente la dictature offerte en « Italie au roi de Sardaigne, et on en conclut que le Piémont « compte *à l'abri des armes françaises*, réunir toute l'Italie

(1) Lettres d'Ulloa, p. 16.

« en un seul État. *De semblables conjectures n'ont aucun*
« *fondement* (1). »

Le Piémont ne l'entendait pas ainsi. Il s'installait en maître dans ses nouveaux États, occupait tous les emplois,
s'emparait de toutes les positions, travaillait par tous les
moyens à rendre définitive sa dictature, et Victor-Emmanuel, à Florence, disait en mettant la main sur son épée, et
regardant vers Rome : *Nous irons jusqu'au bout. Andremo
al fundo!*

En effet, la paix signée à Villafranca n'arrêta pas un
instant le Piémont; et les annexions, nonobstant les traités
de Villafranca et de Zurich, s'accomplirent dans les duchés
de Parme, de Plaisance, de Modène, de Toscane, dans les
Légations et dans les Romagnes, par les manœuvres les plus
odieuses, sans aucune liberté, sous la pression des baïon-
nettes piémontaises, avec toutes les forces de l'intimidation
et de la corruption.

Il est bon de rappeler toutes ces choses à un public qui
oublie trop, en un moment où trop de gens aussi ont intérêt à couvrir le passé d'un silence et d'une connivence
qui révoltent ma conscience.

L'Empereur lui-même sentit le besoin de se dégager de
tout cela, lorsque rappelant le vote de Nice et de la Savoie,
il déclarait aux Puissances européennes que ce vote n'avait
été amené, « ni par une occupation militaire, ni par des
« insurrections provoquées, ni par de sourdes manœu-
« vres (2). »

Partout la presse avait été bâillonnée, et ce furent les

(1) Note du *Moniteur* du 24 juin 1859.

(2) Discours pour l'ouverture des chambres, 1er mars 1860.

dictateurs piémontais, tout-puissants, qui firent seuls les votations, sans tenir aucun compte du vœu des peuples.

En Toscane, « on n'admit au vote qu'un vingt-cinquième « de la population ; et il n'en vint pas même la moitié : il « en résulte, écrivait lord Normanby, que ce fut *un cin-* « *quantième de la population* qui vendit les Athéniens de « l'Italie aux Béotiens du Piémont. »

Voilà pour Florence.

A Parme, M. Farini exclut toute la population des campagnes.

A Modène, malgré les exclusions, il restait encore 72,000 électeurs. Sur ce nombre combien y eut-il de votants? A peine 4,000!

Dans les États du Pape, on n'admit que 18,000 électeurs, « et sur ce nombre, pas même un tiers ne put être « mené au scrutin par la force, ou par la corruption (1). »

Voilà ce que le Piémont fit des *aspirations nationales*, et ce qu'il en fera à Rome, s'il y va : voilà ce que fut pour lui l'expression libre et franche *du vœu des populations* ; qu'on ne l'oublie jamais.

Après cela, il y avait de quoi, le Parlement piémontais s'écria :

« Que notre glorieux roi reçoive le *serment* que nons « faisons en ce jour heureux *de ne pas nous arrêter en si* « *beau chemin!* Marchons en avant. Il faut à l'Italie des « *destinées nouvelles*; *le moment est venu.* » (Séance du 14 avril 1860.)

En effet le Piémont se mit immédiatement en marche contre Rome même, avec *les moyens civilisateurs* et les

---

(1) *Histoire des États de l'Eglise depuis la première révolution française.*

forces morales dont il invoque encore aujourd'hui le secours contre le Pape.

Après les *Révolutions* et les *Annexions* vinrent les *Invasions*.

Tous les voiles ont été levés sur l'expédition de Garibaldi.

Tout le monde sait que M. de Cavour désavoua Garibaldi devant la France et devant l'Europe ; il écrivit même au roi de Naples que des vaisseaux sardes partaient pour arrêter l'aventurier (1). — Et c'est lui qui l'envoyait.

L'expédition avait été préparée à la face du soleil, à Gênes, et dans les autres ports piémontais. Les enrôlements s'étaient faits publiquement dans tout le Piémont. M. de Cavour fournissait l'argent et les fusils. Et en même temps qu'il faisait partir les vaisseaux pour arrêter Garibaldi, il écrivait à l'amiral Persano : « Cherchez à naviguer entre Garibaldi et « les vaisseaux napolitains. J'espère que vous m'avez com- « pris. » L'amiral répondait : « Je crois que je vous ai com- « pris ; le cas échéant vous me ferez mettre à Fenestrelle. » M. de Cavour écrivait encore à La Farina : « Persano vous « donnera autant d'appui qu'il le pourra, sans cependant « compromettre notre drapeau (2). »

Et un peu plus tard, quand Garibaldi, débarqué en Sicile sous la protection des vaisseaux anglais, voulut, après avoir révolutionné l'île, passer sur le continent, « M. de

---

(1) Lettres d'Ulloa. — *Gazette officielle de Turin* du 10 mai 1860, et note du 20 mai 1860.

(2) Nicomedi Bianchi, *Documenti sul conte di Cavour.* — On peut consulter encore sur tout ceci ce qu'a écrit, sur M. de Cavour, M. de La Rive, son ami.

« Cavour envoya le député Brottero et le député Casalis,
« chacun avec 500,000 fr. pour coopérer à ce passage. Les
« bâtiments sardes reçurent l'ordre de le protéger (1). »

Cependant, le Piémont continuait à désavouer Garibaldi ;
en même temps on négociait avec le roi de Naples, on sou-
doyait partout autour de lui les plus lâches trahisons, on
achetait ses ministres, ses amiraux, ses généraux.

Le jeune roi en appelle enfin à son courage et marche à
l'ennemi.

Le Piémont alors tremble que Garibaldi ne soit vaincu,
et pour le sauver, il feint de vouloir le combattre, et il
nous prend à cette duperie.

L'histoire en est mémorable ; je la trouve dans un document officiel, dans le récit de l'entrevue de Chambéry, tel
que la raconte une dépêche de M. Thouvenel (18 octobre 1860) :

« Sa Majesté a daigné m'autoriser à dire directement ce
« qui s'est passé à Chambéry entre lui et les envoyés du roi
« Victor-Emmanuel, M. Farini et le général Cialdini. »

Eh bien ! voici, d'après la dépêche, ce qui s'est passé. Le
Piémont a fait entendre à l'Empereur que Garibaldi mena-
çait Rome, — Rome où nous étions, où flottait notre drapeau ! — puis il a demandé « de traverser les États pontificaux
« *sans toucher à l'autorité du Pape*, afin de livrer, s'il le
« fallait, *bataille à la révolution* sur le territoire napolitain. »

Et huit jours après l'entrevue de Chambéry, M. de Cavour
enjoignait au Pape de licencier son armée, et avant même
que cet *ultimatum* eût été connu du Pape, Cialdini envahissait, avec soixante-dix mille hommes, les Etats du Saint-
Père, écrasait nos volontaires à Castelfidardo, bombardait

(1) Bianchi, *Documenti sul conte di Cavour*.

Ancône et enlevait à Pie IX les Marches et l'Ombrie. — Et si M. de Goyon n'avait pas enfin envoyé un caporal et quatre hommes à la dernière frontière du patrimoine de Saint-Pierre, tout était pris.

Voilà comment le Piémont tenait sa promesse *de ne pas toucher à l'autorité du Pape*; et voilà, entre cent autres faits, ce qui donne mesure de ce que vaut sa parole, et de la confiance que Rome et la France doivent y avoir.

Puis, au lieu de livrer bataille à Garibaldi sur le territoire napolitain, le Piémont sauvait Garibaldi battu sur le Volturne : l'ambassadeur piémontais à Naples, voyant que l'aventurier va être mis en déroute, lui envoie en toute hâte des bataillons de bersaglieri; à la bataille de Garigliano, la flotte sarde ouvre pendant le combat ses feux sur les troupes de François II, et Cialdini, envahissant alors avec ses soixante-dix mille hommes les États de ce roi dont l'ambassadeur est encore à Turin, achève l'œuvre.

On sait le reste ; Gaëte bombardée comme Ancône ; les bombes s'attaquant aux maisons, aux églises, aux hôpitaux, aux femmes, aux enfants, à une jeune reine héroïque, et enfin, après quatre mois du plus effroyable bombardement, la trahison mettant fin à la plus noble défense par l'explosion des poudrières.

Telle fut la bonne foi piémontaise, et comment se tint la parole donnée à notre Empereur en personne, à Chambéry.

Et il y a encore des gens qui nous disent de confier aujourd'hui le Pape à la foi et à la loyauté du Piémont !

Le masque était jeté. A la complicité honteuse et au mensonge des désaveux avait fait place la confraternité des armes : Victor-Emmanuel tendit la main à son aide de camp Garibaldi, lui disant : « Merci ! » et on vit le roi faire son entrée à Naples, côte à côte, dans la même voiture avec l'aventurier en blouse.

Et ce même prince, qui avait donné à la France et à l'Europe sa parole de Roi qu'il ignorait l'expédition de Garibaldi, ne craignit pas de s'infliger à lui-même, dans une proclamation, un solennel démenti : « Ils étaient Italiens ; je n'ai pas pu, je n'ai pas voulu les retenir (1). »

Alors M. de Cavour, triomphant, déclara du haut de la tribune piémontaise, que ces mémorables événements étaient « la conséquence nécessaire de la politique piémontaise « depuis douze ans ; » et enivré de ses succès, s'écria enfin, jetant ce défi à notre armée, à notre parole et à notre politique déclarée : « IL NOUS FAUT ROME POUR CAPITALE, ET « NOUS Y SERONS DANS SIX MOIS. »

Et le parlement, sanctionnant cette déclaration par un vote solennel, proclama Rome CAPITALE DE L'ITALIE. (29 mars 1861)

Voilà l'homme et voilà le gouvernement, qui, quelques mois après, ouvraient avec le gouvernement français les négociations qui ont abouti à la Convention du 15 septembre.

A Naples commence une phase nouvelle de la politique piémontaise, que je dois encore regarder attentivement.

Je devrais peut-être m'arrêter ici. Je ne le ferai pas. Et un de mes motifs, c'est que j'entends quelquefois d'honnêtes gens même me parler de la modération des révolutionnaires italiens. — Non ; l'oubli a couvert encore trop de choses ici,

(1) Proclamation de Victor-Emmanuel d'Ancône, 9 octobre 1860.

et il y a eu là des horreurs, c'est le mot, contre lesquelles, pour ma part, je ne permettrai jamais qu'on prescrive. L'Écriture dit quelque part : *Cet homme ne se connaît plus, qu'on lui rejette son iniquité à la face!*

Ici encore on a parlé *du vœu des populations et des aspirations nationales.*

Jamais il n'y eut plus flagrant mensonge.

On a dit que Victor-Emmanuel était entré dans les États napolitains appelé par les plébiscites populaires.

Les dates et les faits disent le contraire.

Le plébiscite est du 21 octobre, et l'invasion de Cialdini sur les terres napolitaines du 18.

Et ce plébiscite eut lieu de la façon que voici :

« La presse piémontaise (comme à Florence) déclara traître à la patrie et digne de la vengeance publique quiconque oserait voter contre l'annexion. En même temps, des sicaires, sortis des bagnes, parcouraient les rues, armés jusqu'aux dents, menaçant du poignard, et jetant des bulletins à pleines mains dans l'urne !

« L'immense majorité des votants se composait d'individus « *soudoyés par l'or piémontais*, et des *volontaires de Gari-* « *baldi*, de misérables cherchant l'impunité dans la vente « de leur pays. Triste pays, aussi indignement vendu que « honteusement acheté (1)! »

Et voilà ce qu'on appela les vœux de la nation italienne et du peuple napolitain !

Deux mois après ce plébiscite dérisoire, le Piémont fait procéder à l'élection des députés. Qu'arrive-t-il?

« Dans le quartier du Mercato, à Naples, qui compte

(1) Lettres d'Ulloa.

« 180,000 habitants, M. Paolo Cortèse a été élu avec 43 voix
« qui lui ont assuré la majorité, son compétiteur n'en ayant
« obtenu que 41.

« Dans un autre collége, on ne réunit que soixante élec-
« teurs.

« Lors de l'élection des corps municipaux, les salles res-
« tèrent vides. A Naples, il n'y eut guère que 800 électeurs
« sur 500,000 habitants (1). »

Les Napolitains ne protestèrent pas seulement par l'abs-
tention, ils protestèrent aussi par les armes. Naples et
toutes les provinces annexées furent mises en état de siége.

Et ici commence une suite d'atrocités dont l'histoire de
la Terreur peut seule donner l'idée.

Cialdini paraît le premier, se faisant précéder de cette
proclamation : « Annoncez que je ferai fusiller tous ceux
« que je prendrai les armes à la main ; j'ai déjà commencé
« aujourd'hui. »

Pinelli : « Soldats, soyez inexorables comme le destin...
« Purifions avec le fer et le feu ces régions infectées de l'im-
« monde bave des prêtres. »

Galateri : « Je viens pour exterminer les brigands... Qu'on
« s'arme de faux, de fourches, de tridents, et qu'on les
« poursuive partout... Quiconque *donnera asile* à un bri-
« gand sera, sans distinction d'âge, de sexe, de condition,
« fusillé... (2) »

Les brigands, c'est le nom que désormais les Piémontais
vont donner aux Napolitains, qui ne veulent pas d'eux. Cela
devait être ; dès que les Piémontais ne prenaient pas ce

(1) Lettres d'Ulloa.
(2) *Delle Presenti condizioni del reame delle due Sicilie*, par Ulloa.

nom pour eux, ils devaient le donner à leurs adversaires.

Les autres chefs piémontais, Nigra, Fumel, etc., lancent de leur côté des proclamations qui ont arraché un cri d'horreur à lord John Russell lui-même, et dont un député italien, M. Nicotera, a dit à la tribune italienne :

« Les proclamations de Cialdini et des autres chefs sont « dignes de Tamerlan, de Gengis-Kan et d'Attila. »

Et les proclamations s'exécutent à la lettre : les colonnes piémontaises lancées en tous sens dans le pays remplissent les provinces napolitaines de ruines et de sang.

« J'ai vu, » disait le député Ferrari, au retour d'un voyage dans les provinces napolitaines, *un an après l'annexion*, « j'ai vu douze villages incendiés.... j'ai vu les ruines de « Pontelandolfo, une ville de cinq mille âmes, et de Casal-« duni, une ville de sept mille âmes (1).... »

A Pontelandolfo, trente malheureuses femmes qui s'étaient réfugiées au pied d'une croix, furent impitoyablement massacrées (2).

Après avoir livré aux flammes ces deux villes, Cialdini écrivait :

« Hier matin, à l'aube du jour, justice a été faite de Pontelandolfo et de Casalduni. »

La même « justice rigoureuse » *rigorosa giustizia*, avait été faite aussi à Castellamare en Sicile.

M. Fumel fusillait en Calabre les prisonniers par centaines et on l'appelait à Turin *le sauveur de la Calabre* : «J'ai senti le sang me monter à la figure, » s'écriait le député calabrais Miceli, « quand j'ai lu que le colonel Fumel avait

(1) Aveux et mensonges, par G. Palomba. Londres, 1863.
(2) *Ibid.*

« sauvé la province de Cosenza en fusillant 350 prison-
« niers. »

Le 29 novembre 1862, M. Ferrari disait encore :

« Maintenant, Messieurs, nous savons qu'on fusille, qu'on
« arrête des familles entières, qu'on a des détenus en masse.
« C'est une guerre de barbares! Si votre sens moral ne
« vous dit pas que vous marchez dans le sang, je ne vous
« comprends plus. Et ce que je dis du royaume de Naples,
« je le dis aussi de la Sicile : là aussi prisons, exécutions,
« fusillades, sans procès... C'est un système de sang.... mais
« ce n'est pas avec des flots de sang que l'on peut remédier
« au mal...

« Dans le sud de l'Italie, on ne sort pas d'un système de
« sang, et tous ceux qui portent une capote se croient en
« droit de tuer ceux qui n'en portent pas. »

Ces paroles ont été citées à la tribune anglaise par des
membres du parlement britannique, dans une séance mémorable, que lord Palmerston appelait *l'événement de la
session*, et où M. Bentinck et d'autres honorables membres
de la Chambre des Communes protestèrent, au nom de
l'honneur anglais, contre une politique atroce, que le gouvernement d'Angleterre avait trop glorifiée.

Cent dix mille Piémontais étaient et sont encore occupés
à cette guerre. Et de telle sorte que l'année suivante, le
31 juillet 1863, un autre député, Averrano, s'écriait au parlement piémontais : « Les atrocités qui durent depuis deux
ans, et dans lesquelles le gouvernement paraît placer tout
son espoir, nous déshonorent devant l'Europe (1). »

Mais rien n'y faisait, et les chefs piémontais continuaient

(1) Aveux et mensonges.

à dire dans leurs proclamations : « Si tel et tel brigand ne
« se présentent en vingt-quatre heures, je ferai abattre leurs
« maisons, arrêter leurs parents, vendre leurs propriétés,
« et, quand ils seront pris, ils seront fusillés. »

Et la proclamation était exécutée.

Tous ces moyens ne suffisant pas, les Piémontais appe-
lèrent au secours de leurs armes la trahison, et dressèrent
ce qu'un journal de Turin, *Il Piemonte*, a appelé le *tarif
du sang :*

« Tant, pour celui qui livre, *d'une manière quelconque,*
un chef de bande; tant, pour qui amènera un Napolitain
vivant; tant, pour qui le présentera mort (1). »

Dans ces tarifs du sang, la récompense pour le cadavre
d'un réactionnaire mort est le triple et le sextuple de celle
accordée pour un réactionnaire vivant.

Et malgré tout cela, le Piémont, trois ans après l'invasion
des Etats Napolitains, est si peu sûr de sa conquête, qu'il
sent le besoin de légaliser cette épouvantable répression,
et cela nonobstant les efforts de quelques députés qui s'é-
crient : « C'est de la férocité, Messieurs, et la férocité ne
« doit pas être introduite dans nos lois... Depuis trois ans
« les autorités politiques et militaires ont eu des pouvoirs
« *sans limites*, et nous devons confesser *que nous n'avons*
« *rien gagné* (2), »

Le 1er août 1863, une loi fut donc votée, la loi Pica, qui
remet aux conseils de guerre le jugement souverain, non-

---

(1) Circulaire de la Commission centrale pour la distribution des sub-
sides; circulaire de la Commission provinciale de la terre d'Otrente ,
citées à la suite du Discours de M. Cochrane, au Parlement anglais.

(2) Le député Minervini, séance du 1er août 1863.

seulement de tous les Napolitains pris les armes à la main, mais encore de leurs complices, de leurs fauteurs, *de ceux qui les ont cachés, qui leur ont donné des vivres*, etc.

Sur le nombre des Napolitains fusillés ainsi par les Piémontais, en dehors de ceux qui sont tombés dans les rencontres de tous les jours, nous avons, dans un rapport présenté à la Chambre des députés de Turin, un chiffre officiel, qui est loin sans doute de tout dire : le rapport avoue de mai 61 à février 63, 1,038 fusillés.

Voilà ici encore comment le Piémont a respecté les vœux des populations, mis en œuvre *les moyens moraux* et fait faire à la civilisation moderne les progrès dont il invoque aujourd'hui le bienfait pour les Etats pontificaux.

Et hier encore, en Sicile, un officier piémontais livrait aux flammes une famille entière.

On parle de la modération des révolutionnaires italiens : la voilà ! Vous, Piémontais, vous me parlez de la liberté de l'Italie ! Et moi, je vous réponds au nom de la liberté, de la vérité, et de l'honneur, que vous en avez été, que vous en êtes encore les tyrans. J'ai étudié tout ce qui s'est passé là, et ma conviction inébranlable, c'est que tout a été fait par la trahison, le mensonge, et la force brutale, et autant qu'il dépendra de moi, je ne permettrai pas que de tels faits soient absous par le succès, et tant qu'il me restera une voix, je protesterai.

Pendant que les soldats piémontais couvraient de sang le royaume de Naples, un système de terreur pesait sur les habitants qui ne prenaient pas les armes. Je serais infini si je voulais entrer ici dans les détails de cette affreuse tyrannie :

Les libertés municipales; la liberté de la presse; la liberté des opinions; la liberté des personnes; l'inviolabilité des domiciles; la liberté de la justice, toutes les libertés disparaissaient, tous les droits (1).

Je m'en tiens à un seul fait, mais qui fait comprendre

(1) En cinq mois, depuis le 14 décembre 1862 jusqu'au 7 mai 1863, on a dissous quatre-vingt-neuf conseils municipaux et quatre-vingt-six gardes nationales (*).

Et les malheureux maires n'étaient pas même libres de donner leur démission. Il fallait obéir aux injonctions des préfets piémontistes, sous peine de mort.

Voici, en effet, les circulaires qu'adressaient les préfets piémontais aux maires de la province confiée à leur administration.

« *Préfecture de la province de Girgenti*, 1ᵉʳ octobre 1862. »

« Monsieur,

« . . . . Je vous avertis qu'en cas de violation de cet ordre, vous « serez impitoyablement traité comme on traite aujourd'hui ceux qui « sont soupçonnés de tendances criminelles. »

Et si le maire, effrayé, s'avise de donner sa démission, voici ce qui le menace :

« Je vous fais remarquer, en terminant, que, comme vous n'avez, « jusqu'à ce jour, adressé aucune demande, soit de congé, soit de dé- « mission de votre charge, *si vous le faites dans l'avenir*, je me verrai « obligé d'agir *avec toute la rigueur que les temps actuels requièrent et* « *autorisent.* *Le Préfet*, FALCONCINI. »

Voilà pour les libertés municipales.

Quant à la liberté des opinions, une circulaire du 21 janvier 1863, adressée par M. le ministre à tous les préfets, recommande qu'une *énergique et constante répression* soit exercée, et le fonctionnaire qui l'exerce, sans consulter personne, *un Questeur* peut saisir et confisquer tout jour-

(*) Aveux et mensonges.

tous les autres, au nombre immense de Napolitains entassés, avec ou sans jugement, dans les prisons : M. Bentinck établissait au Parlement anglais, en se fondant sur « le rapport du consul général anglais, M. Bonham, et sur les documents présentés au parlement de Turin, *qu'au moment où il parlait*, le nombre des prisonniers politiques « était de plus de vingt mille. »

Un autre orateur, M. Bowyer, a affirmé au Parlement anglais « que, d'après des documents certains, ce nombre, « *depuis l'invasion*, aurait été jusqu'à *soixante-dix mille.* »

Aussi alors, comme aujourd'hui, les prisons du royaume ne suffisent pas, elles regorgent, encombrées. On ne se donne pas la peine de juger les prisonniers, ni même de les interroger; ils languissent des mois, des années, sans savoir pourquoi ils sont là!

Ce sont des faits positifs, connus, je le répète, par les discours même prononcés aux Parlements de Turin et de Londres.

Un rapport a été déposé devant le parlement de Turin, il s'exprime ainsi :

nal. Et dans la seule ville de Naples, vingt-sept journaux ont été supprimés par la police.

Et lord Lennox, au discours duquel j'emprunte ces détails, prouve ensuite que la même tyrannie s'exerçait dans toutes les provinces annexées ou conquises.

Le Piémont a de la même façon respecté la liberté des personnes. Voici ce que lord Lennox a vu pendant qu'il était à Naples.

« La police, dans une seule nuit, enveloppa dans ses filets deux cents « individus, femmes ou hommes, et parmi eux un prêtre âgé de plus de quatre-vingts ans, et les jeta en prison (**). »

Il en était dans les provinces comme dans la capitale.

(**) Lord Lennox, au Parlement anglais.

« J'ai été voir les prisons de Melazzo ! Horreur ! j'en
« suis sorti tout couvert de vermine, le cœur navré, et le
« front rouge de honte d'être Italien. »

M. Ricciardi avouait, au sein du parlement, « qu'il avait
« vu plus de quinze cents prisonniers à Palerme, entassés
« les uns sur les autres, *comme des sardines dans un baril;* »
et, dans la même séance, il ajoutait: « Le pain qui est
« donné aux prisonniers est tel que je n'aurais pas sou-
« haité même au comte Ugolin d'en manger. »

Et dans une autre séance :

« Nos prisons sont *pleines*, et, dans un grand nombre de
« cas, pleines de *gens innocents !*

« La vie et la liberté de nos concitoyens dépendent du
« caprice d'un capitaine ou d'un lieutenant, d'un sergent
« ou même d'un caporal. »

Lord Lennox a voulu visiter les prisons comme autrefois
M. Gladstone, et il l'a fait avec ce soin scrupuleux des
hommes d'état anglais, notant tout, inscrivant tout sur son
carnet, et il a publié ces notes à la suite de son discours (1).

Je recommande ce discours célèbre, ainsi que les quatre

---

(1) Dans la cour d'une de ces prisons, celle-là même que M. Gladstone
a décrite avec tant de complaisance, « les prisonniers, a raconté lord
« Lennox, se précipitèrent autour de nous en poussant des cris lamen-
« tables, les yeux injectés de sang, les bras étendus, implorant, non pas
« la liberté, mais un procès, non pas merci, mais un jugement.... L'at-
« titude et la condition des damnés dans l'*Enfer* du Dante donneraient
« la plus juste idée de la scène qui se présenta alors dans cette cour de
« prison....

« Les aliments qu'on servait à ces malheureux prisonniers n'auraient
« pu même être donnés *à des bestiaux* en Angleterre. »

« J'ai, disait encore lord Lennox, une *longue liste de noms de femmes*

autres discours publiés dans le même recueil (1), à ceux
qui veulent savoir exactement ce qui s'est passé, et ce qui
se passe encore à l'heure qu'il est dans cette Italie, régéné-
rée, dit-on, et sauvée par le Piémont.

Je ne puis, en terminant, retenir sur mes lèvres et au
fond de ma conscience émue, ce cri que faisait entendre,
au parlement anglais, M. Maguire :

« La loi de Dieu et la loi des hommes ont été violées, et
« ce qui a commencé dans la ruse et la perfidie, pour
« s'achever dans la violence, finira dans la honte. »

Et si maintenant vous me demandez ce que je pense
enfin de notre allié, je le dirai:

J'en pense ce qu'en doit penser quiconque n'est pas de
ceux qui regardent et ne voient pas, écoutent et n'entendent
pas ;

Quiconque a conservé une conscience, et un cœur
d'homme dans sa poitrine;

« qui ont été retenues en prison, *sans être jugées ni même interrogées.*
« Dans ces prisons, les honnêtes femmes étaient pêle-mêle avec des pros-
« tituées, les prêtres et les magistrats avec des assassins; des gentils-
« hommes étaient enchaînés avec des forçats! Dans une cellule étroite
« et du plus misérable aspect, se trouvaient quatre hommes, enchaînés
« deux à deux avec des chaînes de fer les plus lourdes. L'un d'eux était
« un Français. »

« M. de Luca était enchaîné à un brigand qui avait été condamné pour
« vol ou pour meurtre. Ainsi, un gentilhomme italien, dont le malheur
« était de différer de manière de voir avec le gouvernement de Turin,
« était enchaîné au plus vil malfaiteur. »

(1) *La question de Naples au Parlement anglais,* chez Dentu.

Quiconque ne compte pas pour rien la justice, l'honneur, la parole donnée, le sang des peuples ;

Et si vous me demandez ce que j'en conclus, je vous le dirai encore, et ma conclusion sera aussi simple que modérée :

J'en conclus que, quand le Piémont donne une parole et signe une convention, il y faut regarder de près, et que, lorsqu'il parle, pour aller à Rome, des *forces morales* et du *progrès de la civilisation*, nous savons à quoi nous en tenir.

Maintenant que j'ai dit ce que je pense du Piémont, je dois dire ce que j'espère de la France.

II

CE QUE J'ESPÈRE DE LA FRANCE.

Ce que j'espère de la France, c'est simple à dire :

Pour tout Français attentif, qui aura suivi le récit des faits dont j'ai dû rappeler toute la suite, la lumière est faite désormais sur notre allié.

J'ai donc la ferme confiance, quelles que soient les fautes et les illusions du moment, que la France ne sera ni dupe ni complice du Piémont.

J'espère d'ailleurs que ce qui vient tout récemment de se passer et de se dire au parlement de Turin aura achevé de jeter un jour complet, et sur ce que le Piémont a fait jusqu'ici, et sur ce qu'il se réserve de faire encore.

J'espère en un mot, je crois et je sais que la France a une parole, et qu'elle entend la tenir ; un honneur, et elle entend le garder.

Ma conviction profonde est que le Piémont a voulu constamment déjouer cette parole, et qu'il n'a eu qu'un but dans la Convention qu'il vient de signer avec nous, la déjouer encore.

Dans cette Convention, nous avons entendu une chose, le Piémont en a entendu une autre. Nous avons écrit en français. Il a traduit en italien

Nous avons dit, nous, ce que nous avons toujours dit

et voulu ; le Piémont a compris, lui, ce qu'il a toujours voulu et dit.

« La condition *sine qua non* » mise par nous au traité n'est pas acceptée par le Piémont

Et je conclus en disant : Notre honneur ne nous permet pas d'aller plus loin ; nous ne serions plus trompés désormais, nous serions complices.

I.

Qu'est-ce donc qu'a toujours pensé, dit, et voulu la France ?

Le voici, sans commentaires : le moment est solennel ; nous touchons à l'heure du péril suprême : c'est pourquoi je rappelle tout.

Il y a une chose dont je suis stupéfait dans toute la suite de ces grands événements : c'est, encore une fois, la puissance d'oubli qui se rencontre à de certains instants dans l'esprit et le cœur des hommes.

Le temps emporte les souvenirs qui devaient laisser dans la mémoire des peuples les plus profondes traces. On oublie les faits les plus récents et les plus mémorables, et les plus augustes promesses.

Le Piémont a fait hier sous nos yeux en Italie tout ce que nous avons rappelé : aujourd'hui, on n'y pense plus.

Nous, de notre côté, si nous n'avons pas fait tout ce que nous devions faire, nous avons du moins dit de belles paroles. Eh bien ! le moment est venu de les rappeler, car au fond l'oubli n'efface rien, et tout ce qui a été dit demeure dans la conscience et devant l'histoire.

La première parole qui fut dite par la France, sur cette grave question de la souveraineté pontificale, le fut dans une circonstance exceptionnelle, par l'Empereur, alors Candidat à la Présidence de la République.

Le Saint-Père était à Gaëte : la France, qui voulait le ramener à Rome, désirait savoir ce que pensait sur un si grand intérêt l'Élu futur du suffrage universel. Le Prince Louis-Napoléon écrivit alors au Nonce apostolique, représentant du Saint-Père à Paris :

« *La Souveraineté temporelle du chef vénérable de l'Eglise* « *est intimement liée à l'éclat du Catholicisme, comme à la* « *liberté et à l'indépendance de l'Italie.* »

La France se reposa sur cette parole, que suivirent bientôt des millions de suffrages; elle s'y reposait encore, lorsque, en 1859, la guerre d'Italie vint tout à coup exciter les craintes.

L'Empereur ſse hâta de nous rassurer, et fit entendre cette solennelle déclaration :

« Nous n'allons pas en Italie fomenter le désordre, ni « déposséder les Souverains, *ni ébranler le pouvoir du* « *Saint-Père*, que nous avons replacé sur son trône. »

Et encore : « Le but de la guerre est de rendre l'Italie à elle-même, et *non de la faire changer de maître.* »

Et de nouveau, après la guerre, pour rassurer une troisième fois les consciences catholiques alarmées, l'Empereur, à l'ouverture de la session législative, répétait cette déclaration : « Les faits parlent hautement d'eux- « mêmes. Depuis onze ans, je soutiens à Rome le pou-

« voir du Saint-Père, et *le passé doit être une garantie*
« *de l'avenir.* »

Telles furent tout d'abord les déclarations de l'Empereur ; voici celles de son Gouvernement.

M. le ministre des Cultes, même après les paroles de
l'Empereur, crut devoir adresser une circulaire spéciale à
tout l'Episcopat français, dans le but « d'éclairer le Clergé
sur *les conséquences* d'une lutte devenue inévitable, » de
nous demander nos prières et d'appeler nos sympathies.

Que disait la circulaire ?

« La volonté de l'Empereur est de fonder sur des bases
« solides l'ordre public *et le respect des Souverainetés dans*
« *les Etats italiens.* »

M. Rouland ajoutait :

« L'Empereur y a songé devant Dieu, et sa sagesse, son
« énergie et sa loyauté bien connues, ne feront défaut ni
« à la religion, ni au pays. »

« Le Prince qui a donné à la religion tant de témoigna-
« ges de déférence et d'attachement, qui a ramené le Saint-
« Père au Vatican, veut que le chef suprême de l'Eglise
« soit respecté dans tous ses droits de souverain
« temporel. »

Le Ministre disait enfin :

« Tels sont les sentiments de Sa Majesté, si souvent
« révélés par ses actes, et qu'elle vient de confirmer dans
« le noble manifeste adressé à la nation. Il doit faire
« naitre dans le cœur du clergé français autant de
« sécurité que de gratitude. » (4 mai 59.)

Les promesses et les engagements pris devant l'Épiscopat
et devant le pays furent confirmés avec plus d'énergie
encore au sein du Corps législatif, par M. Baroche, aujour-

d'hui Ministre des cultes et alors Président du conseil
d'État.

Dans la séance du 30 avril 1859, lorsque déjà nos régiments avaient passé la frontière et que l'honneur du drapeau était engagé, un député catholique, M. le vicomte
Lemercier, « dans la crainte que les événements ne mar-
« chassent plus vite encore que les ordres venus de
« France, manifeste le désir d'entendre déclarer que le
« gouvernement de l'Empereur avait pris toutes les pré-
« cautions nécessaires, afin de garantir la sécurité du
« Saint-Père dans le présent, l'*indépendance* du Saint-
« Siége dans l'avenir; » et finit par se déclarer « convaincu
« que l'Empereur était déterminé à faire respecter, *quoi*
« *qu'il arrive*, l'INDÉPENDANCE ET LES ETATS *du Saint-*
« *Siége.* »

M. Baroche répond, au nom du gouvernement : « AUCUN
DOUTE N'EST POSSIBLE A CET ÉGARD.

« Le gouvernement prendra *toutes les mesures* NÉCES-
« SAIRES pour que la sécurité *et l'indépendance* du Saint-
« Père soient assurées (1). »

« Le préopinant vient lui-même de répondre à la ques-
« tion qu'il a posée, en rappelant *des souvenirs que le gou-*
« *vernement de l'Empereur se gardera bien d'oublier* (2). »

Trois jours après, l'Empereur lui-même avait parlé, et
dans une proclamation adressée au peuple français, il avait

---

(1) Compte rendu officiel de la séance du 30 avril 1859.

(2) M. Baroche disait encore que « si M. Lemercier ne s'était pas
« ainsi réfuté lui-même, le Président du Conseil d'État ne pourrait
« s'empêcher d'exprimer devant la Chambre son étonnement au sujet du
« doute que l'on pourrait avoir sur la conduite du gouvernement. »

déclaré : « QUE LA GUERRE N'ÉBRANLERA PAS LE TRÔNE DU SAINT-PÈRE. »

Un an plus tard, dans la séance du 12 avril 1860, M. Baroche répétait textuellement ses paroles, et ajoutait avec gravité :

« Elles n'ont pas été légèrement prononcées (1). »

Et pour le prouver, M. le Président du conseil d'Etat exposait de nouveau, dans les termes catégoriques que voici, les intentions du gouvernement :

« Le gouvernement français considère *le Pouvoir temporel* comme une « CONDITION ESSENTIELLE de l'indépendance du Saint-Siége...

« Le Pouvoir temporel NE PEUT ÊTRE DÉTRUIT. Il doit « s'exercer dans des conditions SÉRIEUSES. C'est pour réta- « blir ce Pouvoir qu'a été faite l'expédition de Rome en « 1849. C'est pour maintenir ce même Pouvoir que, depuis « onze ans, les troupes françaises occupent Rome; leur « mission est de *sauvegarder* à la fois LE POUVOIR TEMPOREL, « L'INDÉPENDANCE et la sécurité du Saint-Père (2). »

Ce n'est pas tout : M. Jules Favre ayant cru pouvoir dire que, depuis longtemps et par tous ses actes, l'Empereur avait condamné le pouvoir temporel de la Papauté, M. le Président du conseil d'Etat protesta en ces termes : « L'Em- « pereur n'a-t-il pas lui-même repoussé, d'une manière « aussi noble que solennelle, *cette étrange accusation* (3). »

La guerre se fit; notre armée marcha de victoire en victoire; l'Empereur victorieux, dans sa proclamation de Milan,

(1) Compte rendu officiel de la séance du 12 avril 1860.
(2) *Ibidem.*
(3) *Ibibem.*

déclara encore à l'Europe qu'il n'était pas entré en Italie avec un système préconçu DE DÉPOSSÉDER LES SOUVERAINS.

Et à Paris, le gouvernement continuait à nous rassurer. Le 18 juin, un *communiqué* officiel à *l'Ami de la religion*, conforme à toutes les déclarations antérieures, affirmait de nouveau que « la proclamation de l'Empereur au peuple « français et la proclamation de Milan ont répudié toute « intention d'un *système préconçu de déposséder les souve-* « *rains;* que l'Empereur a, en outre, *formellement reconnu* « *la neutralité du Saint-Père;* qu'il *suffit de rappeler cette* « *déclaration* pour mettre l'opinion publique à même de « juger *combien sont répréhensibles les insinuations qui* « *tendent à faire croire que la France cherche à ébranler* « *l'autorité politique du Saint-Père, qu'elle a relevée il y a dix* « *ans, et qui est encore sous la garde respectueuse de ses* « *armes.* »

En même temps, un autre journal, *le Siècle* recevait, le 2 juillet 1859, le *communiqué* suivant :

« Le respect et la protection de la Papauté font partie du programme que l'Empereur est allé faire prévaloir en Italie.

« Les journaux, qui cherchent à fausser le caractère de la glorieuse guerre que nous soutenons, manquent à ce qu'il y a de plus obligatoire dans le sentiment national. »

Enfin l'Empereur faisait plus : il écrivait au Saint-Père, pour lui renouveler la promesse que les armes françaises *défendraient et conserveraient, tuebuntur atque servabunt* le Pouvoir du Pape dans les Romagnes (1).

Mais pendant que toutes ces déclarations retentissaient

---

(1) Allocution consistoriale du 20 juin 1859.

en France, à Rome, en Italie et dans toute l'Europe, le Piémont, fidèle à ses plans, nous démentait: chaque révolution, préparée par lui, s'accomplissait après chacune de nos victoires; nos millions, s'il faut en parler, la valeur et le sang de nos soldats ne lui servaient qu'à se jouer de notre parole; son roi se faisait offrir et acceptait la dictature dans les Duchés et les Romagnes; ses commissaires les gouvernaient militairement, et préparaient les votes annexionnistes.

L'inquiétude croissait de plus en plus en France, mais le gouvernement continuait à rassurer l'opinion, en déclarant qu'il ne fallait s'inquiéter en rien de la dictature piémontaise, et l'Empereur signait la paix de Villafranca et le traité de Zurich.

Mais rien n'arrêtait le Piémont; et l'Empereur en était réduit à se plaindre (9 septembre) « des efforts tendants à entraver les conséquences du traité de Villafranca, » et de nouveau, dans une lettre au roi de Sardaigne, du 20 octobre, il lui disait: « Je suis lié par les traités. »

Mais le Piémont ne respectait pas plus les traités signés par la France que ses propres engagements pris envers l'Empereur, et au mépris des uns et des autres, il tentait sous nos yeux, contre les États pontificaux, une des plus abominables agressions dont l'histoire garde le souvenir.

Et malgré tout cela, plus tard encore, dans les débats si vifs du Corps législatif, M. Billault, ministre orateur du gouvernement, disait, le 22 juin 1861 : « ABANDONNER ROME ! ou-
« blier la politique suivie par la France depuis des siècles!
« oublier que c'est l'Empereur qui a rendu Rome au Saint-
« Père, et qui a fait là peut-être autant pour la Papauté

« que son oncle, de glorieuse mémoire, en établissant le
« concordat! NON, CE N'EST PAS POSSIBLE. »

Eh bien! en présence de toutes ces nobles et fermes
paroles, je le demande à quiconque a une conscience, à
quiconque pense que la parole humaine a une valeur ;

Devant ce concert unanime de tant de voix parlant de si
haut ;

Si on était venu dire que tout cela aboutirait à laisser le
Piémont faire contre le Pape ce qu'il a fait, envahir ses
Etats, écraser ses troupes, camper à ses portes, déclarer
que Rome est à lui ; et, tout cela accompli, faire de Florence
une dernière étape vers Rome, du Pape détrôné le sujet de
Victor-Emmanuel, et de Rome la capitale définitive de l'Italie
révolutionnaire...

Eh bien! en mon âme et conscience, je le déclare, je n'aurais pas cru qu'il fût possible de faire à la bonne foi et à
l'honneur du gouvernement d'un grand pays, une plus san-
glante injure.

Mais, certes, cette injure, je ne la ferai ni à la France, ni
à l'Empereur ; et si je suis convaincu que le Piémont n'a
pas d'autre pensée que de s'établir à Rome et d'en chasser
le Pape, j'ai une confiance inébranlable que la France et
l'Empereur n'en seront jamais complices.

Un proverbe oriental dit : « Si tu me trompes une fois,
c'est ta faute ; mais si tu me trompes deux fois, c'est la
mienne. »

II.

Peut-il y avoir un doute sur l'idée piémontaise?

Puisque la mission de monter la garde à la frontière du Pape est dévolue au Piémont, il importe de savoir, avant tout, comment la consigne est entendue, non par le factionnaire qui s'en va, mais par celui qui va prendre la place.

Peut-il y avoir un seul doute sur le sens attaché par le Piémont à la Convention du 15 septembre 1864? — Je ne le pense pas.

Condamné par ma conscience à étudier attentivement cette Convention, son sens véritable, sa portée, tous ses résultats, j'ai fait venir de Turin les *actes officiels* du Parlement, et après avoir lu, avec le dernier soin, tout ce que les discussions à la Chambre et au Sénat, les dépêches diplomatiques, les journaux italiens et français ont dit de cette convention, je ne pense pas qu'aucun homme de bonne foi puisse se faire ici la moindre illusion.

Les négociateurs du Piémont, son gouvernement, son parlement, ses généraux, ses journaux, et les journaux de tous les pays, ont interprété la pensée piémontaise dans un seul et même sens, que voici :

Nous l'avons vu : par le vote solennel du 29 mars 1861, sur la motion de M. de Cavour : « Il nous faut Rome pour capitale, » le Piémont, affirmant ses droits sur Rome, a demandé la dépossession du Saint-Père, proclamé Rome sa capitale, et declaré son inébranlable résolution de s'en emparer. Eh bien! c'est uniquement dans ce sens et pour réaliser ce programme que la Convention a été signée et votée par le Piémont. Et en vérité, quand je compare toutes les paroles du Piémont aux nobles paroles de l'Empereur, que je viens de rappeler, je demeure stupéfait.

Que telle soit la pensée piémontaise, c'est ce que, à la première nouvelle de la Convention, nous a révélé tout d'abord le journal semi-officiel du gouvernement piémontais, *l'Opinione* :

« Le gouvernement du roi se trouve dans la nécessité de « transporter la capitale à Florence, *comme première étape* « *sur la route de Rome.* Comment pourrait-il hésiter ? »

Et, chose étonnante, quoiqu'en vérité on ne doive plus s'étonner ici de rien, c'est ce que déclarent immédiatement les négociateurs piémontais eux-mêmes.

Ces négociateurs sont M. Nigra et M. Pepoli.

Or, M. Pepoli, quelques jours après avoir signé cette Convention, déclare à Milan, dans un banquet, « qu'elle ne « porte atteinte à *aucune partie du programme national*, et « brise seulement les derniers anneaux qui unissaient la « France *aux ennemis de l'Italie.* »

L'autre négociateur, M. Nigra, le jour même où la Convention était signée, s'empressait d'annoncer à son gouvernement que le succès de la négociation était complet, et que rien désormais ne ferait obstacle au triomphe *des droits de la nation et des aspirations nationales :* ni *la garantie collective des puissances catholiques*, autrefois promise au Saint-Père, ni le *plus petit coin de terre* laissé aux Français comme gage de la foi piémontaise :

« Les négociateurs italiens avaient reçu, dit-il, l'instruc-

« tion formelle de rejeter toute condition qui eût été con-
« traire *aux droits de la nation*. Il ne pouvait donc être
« question *ni d'une renonciation aux aspirations natio-*
« *nales, ni d'une garantie collective des puissances catho-*
« *liques,* ni de l'occupation d'un coin du territoire romain
« par les troupes françaises comme un gage de l'exécution
« de ses promesses. » (Lettre de M. Nigra à M. Visconti-
Venosta, 15 septembre 1864.)

Le journal *l'Italia* n'était que juste en écrivant cinq jours
après :

« .... Le gouvernement italien n'a nullement renoncé à
« faire flotter son drapeau sur Rome capitale. Ceux qui
« disent le contraire calomnient *les intentions du pays* et
« *de son souverain.* »

L'Italia ajoutait : « La ligne suivie par M. Thouvenel a
« été reprise par son successeur. »

Tous les journaux, anglais et français, piémontistes et
autres, furent unanimes à interpréter dans le même sens la
pensée du Piémont.

Les comités politiques faisaient les mêmes déclarations
que les journaux.

Le Comité de Milan disait :

« La convention avec la France ouvre indubitablement la
« voie à *l'entière réalisation du programme national.* » (*L'U-*
nion, 4 octobre 1864.)

Une proclamation du *Comité national* disait de même :

« Le gouvernement du roi ne s'est engagé à aucune con-
« dition qui interdise au royaume d'Italie d'accepter l'an-
« nexion de Rome. » *(Gazette,* 3 octobre 1864.)

Une dépêche télégraphique de Naples, datée du 28 septembre, disait : « Un grand meeting vient d'avoir lieu. Toutes
« les nuances de l'opinion libérale y étaient représentées.
« Le meeting a approuvé la Convention Franco-Italienne,
« *mais* en affirmant *Rome capitale*. Le gouvernement est
« invité à ne pas tenir compte des intérêts municipaux dans
« le choix de la *capitale provisoire*. » (*Gazette*, 30 septembre 1864.)

A Turin, les ministères changeaient, mais la pensée piémontaise ne changeait pas.

Quant le sang eut coulé à Turin, châtié par son juste
abaissement de ses ambitions annexionnistes, le ministère
qui remplaça celui qui avait laissé couler le sang, se hâta
de réclamer dans son nouveau programme l'espoir constant de « *l'entière réalisation* des destinées de la nation. »

Je dois dire ici que M. Drouyn de Lhuys fut troublé à
la vue de ces interprétations si contraires, selon lui, à la
politique française, et aux promesses les plus solennelles
de l'Empereur; et il se hâta d'écrire qu'on se trompait,
sur « le sens » de cette convention, et que « les journaux de
toutes les nuances en tiraient des conséquences *aussi contraires à nos intentions qu'à celles des ministres du roi
Victor-Emmanuel.* »

Puis, notre ministre des affaires étrangères ajoutait pour
atténuer l'effet de ces interprétations, sept articles explicatifs, mais qui allaient recevoir, comme tant d'autres paroles de la France, des ministres de Victor-Emmanuel, et
du parlement de Turin le plus étrange démenti.

M. Lanza, ministre de l'intérieur, dans le projet de loi
présenté au parlement sur le transfert de la capitale à Florence, parla ainsi :

« Vous examinerez cette question et vous la résoudrez
« avec une dignité et une sagesse qui convaincront tou-
« jours davantage le monde civilisé de notre inébran-
« lable résolution *de compléter notre unité.* »

Le même ministre posait dans les mêmes termes la question au Sénat, et commençait par cette déclaration : « Le
« pouvoir temporel du Pape est contraire aux intérêts de
« l'Italie. »

Enfin, le ministre de l'intérieur alla jusqu'à déclarer au
parlement que la France, *par cela seul qu'elle avait traité
avec eux de Rome sans le Pape, reconnaissait qu'eux seuls
ont des droits sur Rome*, et que le Pape n'en a aucun :

« La Convention confirme notre politique, simplifie la
« question romaine, et, en éliminant l'occupation étrangère,
« en prépare la solution définitive, donne satifaction à la
« dignité nationale, et consacre le droit que le gouverne-
« ment du roi a de négocier sur ce qui concerne tout le
« territoire italien ; car *ce n'est pas le Pape*, c'est nous qui
« traitons de Rome avec la France. »

Le président du conseil, le général La Marmora, invité
par M. Drouyn de Lhuys à exposer le sens des mots fameux,
les *aspirations nationales*, s'y refuse péremptoirement :
« Les aspirations d'un peuple, dit-il, appartiennent à la
conscience nationale.... » Personne n'a rien à y voir.

Comme si un contractant n'avait pas le droit rigoureux
de savoir ce que pense sur l'objet même de la convention
celui avec lequel il contracte !

Invité de même par M. Drouyn de Lhuys à s'expliquer
sur les « *voies souterraines* » que le Piémont a constamment pratiquées, le ministre piémontais fit l'offensé, et re-
fusa encore de parler net sur ce point.

Mais un peu plus bas, malgré ces réticences intéressées, le mot qui dit tout ici échappe au général diplomate,
quand il parle des « effets qui doivent être le produit lent,
« mais *immanquable* » de la Convention.

M. La Marmora, qui refuse de s'expliquer sur une prévision qui est celle de tout le monde, y revient cependant,
prévoit les événements qui pourront se produire à Rome,
et déclare qu'il entend bien les « *coordonner au but de la
politique nationale.* »

A la Chambre, il garda moins de réserve et parla plus
net :

« Nous ne ferons PAS UN PAS EN ARRIÈRE, nous irons EN
« AVANT avec prudence et lenteur, MAIS SANS RELACHE. »

Voilà quelle fut l'interprétation donnée officiellement de
la Convention par les ministres piémontais.

Et maintenant, le Parlement a-t-il été d'un autre avis,
et a-t-il voté la Convention dans un autre sens? Qu'on en
juge.

Le Rapporteur de la commission s'explique sans détour :

« La Convention, n'est point une renonciation à Rome....
« Cela ne ressort point des notes de M. Drouyn de
« Lhuys. »

Le rapporteur ajoutait même, en termes tout à fait identiques aux paroles de M. Lanza, biffant, raturant ainsi la
dépêche du 28 octobre et les sept articles de M. Drouyn

de Lhuys, poussant aux dernières limites l'injure à la France :

« *En traitant avec nous pour l'évacuation de Rome, la* « *France a reconnu nos droits sur Rome.* »

Les députés piémontais se placent exactement à ce point de vue.

« Pourquoi, s'écriait M. Ferrari, avez-vous proclamé « *Rome capitale?* Parce que vous entendiez renverser le « pouvoir temporel, parce que vous entendiez conduire « Victor-Emmanuel au Capitole. Rome et le territoire ro- « main ont été déclarés, comme en effet ils le sont, terri- « toires italiens et faisant partie intégrale du royaume. »

M. Pessina disait sans hésiter : « Le territoire pontifical « nous appartient de droit. »

M. Coppino allait plus loin encore : selon lui, Rome n'ap- partient pas même aux Romains ; « Rome n'est pas, *ne* « *peut pas être aux Romains, mais est et doit être aux* « *Italiens.* »

Le discours de M. Buoncompagni est particulièrement remarquable et instructif au point de vue qui nous occupe. Nous connaissons de longue main l'ancien ambassadeur de Victor-Emmanuel à Florence. Voici ses paroles :

« Quelques-uns ont cru voir que Florence signifiait « renonciation à Rome. » — Oui, tous ceux qui ont foi à la parole de la France! — « Mais cela n'empêche pas que « Rome ne continue à être, dans la conscience des Ita- « liens, *la capitale vraie et vraiment définitive* du royaume.

« La convention ne restreint pas la liberté d'action des « Italiens.... »

Puis, M. Buoncompagni rappelle le célèbre discours du comte de Cavour, dans lequel celui-ci soutenait que

Rome seule pouvait être la capitale du royaume d'Italie; et il ajoute :

« Nous devons conspirer, Messieurs, en protestant tou-
« jours, dans toute occasion, de notre ferme volonté, que
« Rome devienne la grande capitale de notre royaume. »

Et comme si toutes ces paroles n'eussent pas été encore assez claires, la Chambre prit soin de préciser, avec la dernière clarté, le sens de son vote, et déclara, en repoussant un ordre du jour proposé par vingt-trois députés, que « le transfert de la capitale à Florence » n'était pas une garantie « donnée à la France pour que Rome reste au Pape. »

Il demeure donc bien entendu que, pour le Piémont, Florence n'est qu'une étape vers Rome, une capitale provisoire et dérisoire ; que cette condition, *sine quâ non*, mise par la France à un traité ne compte pas ; que le Piémont a LE DROIT comme la VOLONTÉ INÉBRANLABLE de faire un jour de Rome sa vraie et définitive capitale.

III.

Et maintenant qu'aucun doute n'est plus possible sur ce point, j'examine la Convention en elle-même, et je me demande comment le Piémont ira à son but à travers la Convention.

Eh bien ! je suis forcé de le déclarer : Il y a, dans la Convention, des lacunes, à travers lesquelles le Piémont peut et prétend bien passer.

Oui, par ce qu'elle ne dit pas, comme par ce qu'elle dit, la Convention me fait tout craindre.

Les lacunes qui m'ont frappé tout d'abord, comme tout le monde, et que les dépêches diplomatiques venues plus tard sont loin d'avoir comblées, les voici :

La Convention n'a pas eu la prévision qu'il fallait avoir ;

Elle n'a pas dit le mot essentiel qu'il fallait dire ;

Elle n'a pas fait la réserve qu'il fallait faire.

Il y a une éventualité que tout le monde prévoit, que tous les antécédents du Piémont annoncent, que la situation faite au Saint-Père par la Convention elle-même rend inévitable, et que pourtant la Convention ne prévoit pas, sur laquelle elle n'a pas un mot, pour laquelle elle ne statue rien : c'est l'éventualité, nous partis, de mouvements insurrectionnels à Rome.

Et ici, il faut bien s'expliquer sur la situation faite au Pape.

M. Lanza, le ministre de l'intérieur du Piémont, disait au sénat : « *La Convention laisse le Pape seul en présence de ses sujets...* »

Non, ce n'est pas en présence de ses sujets que vous laissez le Pape, mais en présence de tous les éléments révolutionaires, amassés, entassés par vous autour de Rome et dans Rome même, et que tous vos discours et toutes les interprétations données par vous à la Convention, et le souffle de vos aspirations persistantes, ne font et ne feront encore qu'enflammer.

Après tout ce qui s'est passé en Italie, après tout ce que vous avez dit et fait contre le Pape, venir nous dire que vous le laissez *en présence de ses sujets*, quand vous lui en avez enlevé violemment trois millions, quand vous êtes là, vous, en face de lui, à ses portes, excitant ce qui lui reste de sujets à la révolte, étendant la main sur son dernier patri-

moine, le déclarant à vous, c'est en vérité une dérision que
je ne puis bien qualifier qu'en disant qu'elle est digne de
tout ce que vous avez fait et dit jusqu'à ce jour.

Mais quoi! est-ce que depuis longtemps les agents piémontais ne travaillent pas, tour à tour par des voies souterraines et à ciel ouvert, cette population?

Qui n'a pas vu, au café des *Belle arti,* et ailleurs, leurs
affiliés? Est-ce que leurs projets sont des conjectures? Tous
les jours ne découvre-t-on pas quelque complot? L'année
dernière encore, leurs bombes, leurs manifestes, leurs pla-
cards, leurs menaces, lancés pendant que nous sommes
là, ont dit assez ce qu'ils méditent quand nous serons loin.

La Convention rassure-t-elle le Pape contre ces périls
intérieurs? Non, tout au contraire.

On a dit que le *mémorandum* de M. de Cavour avait été
« l'étincelle d'un irrésistible incendie. » Mais qu'était le
mémorandum, qui ne concluait encore qu'à la séparation
des Romagnes, à côté de tous ces discours au parlement de
Turin, où les droits du Piémont sur Rome sont affirmés,
où Rome est proclamée plus haut que jamais capitale de
l'Italie, où le Piémont déclare toujours son inébranlable
résolution d'aller à Rome ?

Qui ne voit que désormais, la situation du Pape va être
la plus anormale, la plus intolérable des situations? La
provocation en permanence, l'appel à la révolte en permanence, l'état de guerre morale déclaré contre lui en permanence, tous les révolutionnaires de ses Etats encouragés,
animés, par les ambitions et les convoitises qui pressent
Rome de toutes parts : dans une telle situation, quel est
l'Etat, grand ou petit, dont la tranquillité intérieure fût

possible, et qui ne serait pas menacé d'une révolution certaine ?

Au milieu de tout cela, que les passions anarchiques se tiennent tranquilles à Rome, quand nous en serons partis, sûres qu'elles sont de trouver derrière elles le Piémont, résolu d'aller à Rome : c'est impossible !

Et c'est dans ces circonstances que nous nous retirerions ! Non. Il y avait, dans un tel état de choses, à dire, au Piémont, un mot, qui, seul, eût été, pour le Pape, une sécurité : « Je quitte Rome, mais vous n'y entrerez pas, jamais, à aucun prix, sous aucun prétexte. » Mais ce mot, la Convention ne le dit pas.

Eh bien ! avec une telle lacune, la Convention ne protége pas le Pape, elle le livre, aux complots certains, annoncés d'avance, de la révolution, et du Piémont qui vient derrière elle : voilà la vérité.

Rien donc qui empêche les Piémontais d'entrer à Rome après nous. Appelés par les mouvements insurrectionnels, sur lesquels ils comptent, dont ils sont complices, par une insurrection quelconque, ils y entreront ; ils l'affirment. — Et ce qu'il y a ici de plus odieux, c'est que la Convention, prétendant ne laisser le Pape qu'en face du Piémont et *des forces morales de la civilisation moderne*, toute révolution qui bannira le Pape de Rome sera qualifiée ainsi.

Et nous, alors, que ferons-nous ? « Nous nous réservons, dit une dépêche de M. Drouyn de Lhuys, notre liberté d'action. » Faible et vague réserve, et qui sera, tout le fait craindre, aussi illusoire que tant d'autres ! Nous réservons notre liberté d'action, mais sans dire quel usage nous en ferons. Le Piémont, lui, ne réserve pas la sienne : il l'annonce, et déclare nettement ce qu'il fera.

Pour nous donc, ce qu'il fallait, c'était une de ces paroles nettes, fermes, précises, telle que la gravité des intérêts que nous prétendons sauvegarder, et que la gravité des circonstances la commandaient.

Qu'on se rappelle tous les faits, toute la suite de cette triste histoire, tout ce que le Piémont a osé impunément, sous nos yeux, à deux pas de notre armée.

Il a pu s'approcher, malgré nos conseils, malgré ses promesses, malgré nos menaces, jusqu'aux portes de Rome, quand nous étions là, et que lui n'était encore que le Piémont. Et maintenant qu'il se prétend l'Italie, et quand nous aurons repassé les Alpes, nous ferions contre lui ce que nous n'avons pas fait alors!

Comment, vous retirant de Rome par une porte, pour obéir à un principe de votre politique, vous le violerez en rentrant le lendemain par l'autre!

Quand d'un mot nous pouvions arrêter le Piémont à Bologne et ailleurs, nous n'avons pas dit ce mot; et quand il faudra une armée et un nouveau siége de Rome, non plus contre Garibaldi, mais contre une grande nation ayant 200,000 hommes, et peut-être des alliés, nous aurions cette tardive résolution!

Non, pour moi, je ne me bercerai jamais de telles illusions.

Je suis donc forcé de le dire : La Convention n'a rien prévu de ce qu'il fallait prévoir; elle n'a rien dit de ce qu'il fallait dire; elle n'a rien réservé de ce qu'il fallait réserver. En un mot, elle a traité le plus grave des intérêts et la plus critique des situations avec une absence de précautions que rien ne saurait expliquer.

Mais si la Convention n'a pas eu la prévision, ni dit le

mot, ni fait la réserve nécessaires, elle a eu, en revanche, une autre prévision, dit un autre mot, fait une autre réserve, bien étrange assurément.

Le Piémont, qui a presque autant de soldats que le Pape a maintenant de sujets, a prévu le cas, et a feint la crainte d'une attaque du Pape contre lui ; et si la Convention dit : Que le Pape fasse une armée ; elle ajoute expressément : Pourvu que cette armée ne devienne pas « un moyen d'attaque » contre le Piémont.

Et qui sera juge du danger? Le Piémont lui-même. La Convention ne dit pas le contraire.

Mais, en vérité, pouvons-nous oublier que c'est là précisément le prétexte que le Piémont a déjà saisi une fois pour envahir les États du Pape? Il a prétendu, lui qui avait 70,000 hommes massés sur la frontière romaine, et n'était en guerre avec personne, que la petite armée du général La Moricière, disséminée dans les provinces pontificales, était un danger pour l'Italie, et sans même déclarer la guerre au Pape, il a lancé, et nous étions alors à Rome, ses 70,000 hommes sur cette poignée de Français, de Belges et d'Irlandais !

Par ce mot « un moyen d'attaque, » que le Piémont a interprété déjà comme nous savons, et que rien, dans la Convention, ne lui défend d'interpréter de la même manière, la Convention met positivement une arme entre les mains du Piémont, donne un prétexte tout prêt à ses récriminations futures, et, si l'émeute tarde trop à faire son œuvre, ouvre une porte par où ses armées même pourront passer.

Voilà ce qu'on prépare contre le Pape : voyons ce qu'on lui demande.

III.

CE QUE L'ON DEMANDE AU PAPE.

On dit au souverain Pontife :

Faites des soldats,

Faites de l'argent,

Faites des réformes,

Puis : réconciliez-vous avec l'Italie.

Mais quoi! est-ce bien sérieusement que l'on parle de la liberté laissée au Pape de se créer, d'ici à deux ans, des moyens de défense?

Et d'abord, il est au moins superflu de reconnaître à un souverain le droit de tous les souverains ; mais il ne serait pas superflu d'indiquer à un souverain, que l'on a systé-matiquement et violemment affaibli, auquel on a pris quinze provinces sur vingt, le moyen de reprendre des forces.

I. Une armée; mais, depuis six ans, tout a été mis en œuvre pour empêcher le Pape de se créer une armée. On a empêché les recrutements, menacé les comités, on a été jusqu'à déclarer à nos généreux volontaires qu'ils perdraient leur nationalité : cela est-il vrai, oui ou non?

Enfin, la petite armée formée à grand'peine par le Pape, commandée par un homme illustre, le général de La Mo-ricière, mais abreuvée de dégoûts et de tracasseries, dans ses garnisons, privée même de servir d'escorte au Saint-Père, a été écrasée par dix contre un à Castelfidardo.

Aujourd'hui on engage le Saint-Père à recommencer, et à appeler de braves jeunes gens de France, de Pologne ou d'Irlande, pour les exposer à un nouveau guet-apens.

Un jeune prince, pauvre, faible, abandonné, le roi de Naples, est l'hôte du Pape, qui fut autrefois l'hôte de son père : on déclare tous les jours que sa présence est un danger. Que sera-ce si le Saint-Père forme une armée ?

Mais comment la formera-t-il ? D'Italiens ? Ce sera préparer, dira-t-on , la guerre civile. D'étrangers, Autrichiens, Espagnols, Français, Polonais ? Ce sera, dira-t-on, préparer la guerre étrangère ; et un des successeurs de M. de Cavour parlera de nouveau « *des hordes papales commandées par ce La Moricière.* »

Ou le Pape renoncera à se servir de son armée, en cas d'invasion ou d'émeute, et alors à quoi bon ? ou il s'en servira, et, dans ce cas, il sera un tyran qui verse le sang de ses sujets.

Non, rien de tout cela n'est sérieux : on conseille l'impossible, et je comprends que le doux et noble Pie IX, tout en comptant sur les courageux enfants groupés autour de lui, et prêts à mourir pour défendre leur Père, hésite avant de former une armée nouvelle.

II. Mais, d'ailleurs, pour avoir des soldats, il faut avoir de l'argent. La Convention du 15 septembre est signée par deux souverains qui en savent quelque chose.

Aussi est-il stipulé que le Souverain Pontife obtiendra de l'Italie le payement d'une partie de sa dette, et cela est juste, car le budget des Etats de l'Eglise en 1858, était en

équilibre. Le déficit commence en 1859, avec la guerre d'I-
talie.

Mais quoi ! l'Italie révolutionnaire a de quoi payer les
dettes d'autrui? Les emprunts forcés, les impôts antici-
pés, les biens confisqués, les biens vendus, les travaux
concédés, ne suffisent pas à payer les siennes, et si le Saint-
Père prenait au mot Victor-Emmanuel, comment celui-ci
tiendrait-il sa parole ?

Avant de la tenir, il commencerait par demander la
renonciation du Pape aux Légations, aux Romagnes, aux
Marches, à l'Ombrie, et à tout ce qu'on lui a violemment enlevé. Or, on sait bien que le Pape n'y renoncera
pas.

Veut-on m'indiquer un moyen, pour le Saint-Père, de faire
payer une partie de sa dette par Victor-Emmanuel, sans lui
donner quittance de ses provinces, sans que cette conséquence soit aussitôt tirée et proclamée ?

Il est assurément très pénible de contribuer à payer des
dettes pour des provinces dont l'Italie touche les revenus.

Mais on conviendra que c'est aux signataires du traité
à se mettre en frais de combinaisons : et c'est avant le
traité qu'il aurait fallu les inventer, et c'est avec le Pape
qu'il eût été naturel d'en convenir. Que diriez-vous donc,
vous, simple particulier, d'une combinaison qui consiste-
rait à faire payer vos dettes par votre principal ennemi,
payer à condition qu'il garderait tout ce qu'il vous a pris,
décidé d'ailleurs à vous prendre le reste à la première occasion ?

Ainsi donc, cet article 4 du traité est de tout point
inexécutable, car il déclare que « l'Italie est prête à entrer
« en arrangement pour prendre à sa charge une part pro-

« portionnelle de la dette des anciens Etats de l'Eglise. »

Or, 1° L'Italie *n'est pas prête*, elle n'a pas d'argent.

2° *Entrer en arrangement :* avec qui ? On ne le dit pas. Si c'est avec le Pape, a-t-on constaté qu'il est prêt, lui ?

3° *La dette.* Est-ce la dette actuelle ou la dette ancienne ?

4° *Les anciens* Etats de l'Eglise. L'Eglise les a donc abandonnés ? C'est donc en les considérant comme *anciens* que l'on entrera en arrangement ?

Cet article prépare un arrangement entre une partie qui ne peut pas, et une partie qui ne veut pas, sur un intérêt qu'on ne précise pas.

III. Les réformes : J'ai déjà dit cent fois ce que j'avais à dire sur ce point, j'ai fait cent fois les réserves et les déclarations convenables ; et qui suis-je pour parler ? Le Souverain-Pontife a lui-même cent fois répondu. Le traité de Zurich, dans son article 20, mentionne expressément, officiellement « *les généreuses intentions déjà manifestées par le Souverain-Pontife.* » Tout ce qu'on pourrait dire sur ce point ne sera pas plus écouté aujourd'hui qu'autrefois par ceux qui ne veulent pas plus de réformes qu'ils ne veulent de Pape.

Lorsque le plus généreux souverain a fait son avénement sur la chaire de Saint-Pierre, en la personne de Pie IX, Pie IX aidé d'un ministre, M. Rossi, qui représentait précisément l'alliance de la France et de l'Italie, le ministre est tombé aux pieds de Pie IX, égorgé par une main italienne.

Voilà la vérité, voilà l'histoire !

M. Drouyn de Lhuys vient de reconnaître lui-même dans une de ses dépêches à M. de Sartiges, qu'en 1859, le Pape demandait l'évacuation de la garnison française. Il répondait alors de la sécurité de ses Etats. Cette sécurité a été ébranlée par la campagne d'Italie ; personne n'en doute.

C'est depuis cette époque que commence en lignes parallèles une double histoire, l'histoire de ce qu'on a dit, l'histoire de ce qu'on a fait, la série des projets proposés, la série des faits accomplis.

Les projets sont au nombre de cinq :

1° La lettre de l'Empereur après la bataille de Solférino ;

2° Les conseils de réforme indiqués par le traité de Zurich ;

3° Le système du Vicariat de Victor-Emmanuel ;

4° Le projet de M. Ricasoli ;

5° La médiation offerte par M. de la Valette.

On oublie que M. de Cavour a déclaré la lettre de l'Empereur plus importante pour sa cause que la bataille de Solférino.

On oublie encore que la France elle-même a refusé de transmettre au Pape le projet imaginé par M. Ricasoli, lequel pourrait bien être avant peu de temps ministre à Florence.

Quant aux conseils de réforme, le gouvernement romain les a devancés, écoutés, acceptés, *cela est encore officiel,* à condition que l'on garantirait le pouvoir temporel ; car les réformes créent des mécontents, coûtent de l'argent, et exigent une paix assurée. Est-ce que M. Lincoln réforme son gouvernement pendant la guerre ? Est-ce qu'on a demandé des réformes au roi de Danemark pendant qu'on envahissait ses provinces ? Est-ce que le gouvernement français n'ajourne pas l'octroi de libertés plus complètes au jour où les partis seront dissous ? Est-ce que le capitaine réglemente son bord pendant la tempête ? La garantie que le Pape a demandée, la lui a-t-on donnée? Non. Vous écartez même aujourd'hui la garantie collective des puissances que vous offriez autrefois.

On a parlé de faire Victor-Emmanuel le vicaire du Pape. Mais on oublie trois choses : 1° qu'il n'est pas naturel de partager son pouvoir avec celui qui vous dépossède, et qu'avec un tel vicaire la paix serait difficile, et le vicaire aurait bientôt mis son suzerain à la porte ; 2° on oublie que la faiblesse de la colombe est mal confiée à la sobriété du vautour, à moins que l'aigle ne sache tenir le vautour en respect ; 3° on oublie enfin que le roi du Piémont lui-même ne voulait pas du vicariat.

La France, enfin, a fait offrir au Pape en 1863, par M. le marquis de La Valette d'être médiatrice. Médiatrice, de qui ? D'un gouvernement qui professait alors hautement la volonté arrêtée de posséder Rome pour capitale, et qui la professe encore plus haut que jamais depuis la Convention. Médiatrice, de quoi? On ne l'a pas dit, mais quand on est l'avocat d'un client dont la prétention est connue, l'adversaire peut deviner la question et pressentir la réponse. Que proposait la France ? Jamais on ne l'a dit clairement, et en le demandant, le Pape se serait tiré d'embarras et y aurait mis la France. Car dans ce cas, la France ne pouvait proposer au Pape qu'une abdication plus ou moins déguisée. Ce n'est pas *Rome libérale* encore une fois, que l'on voulait à Turin, c'est *Rome capitale*.

Or, sur ce point, le Pape est retenu par des impossibilités; il est retenu par la justice et par les intérêts de la religion, et on admettra que le chef de la religion, le Pape, ne peut pas plus consentir à ce qui est contraire à la justice que renoncer à ce qui est utile à la religion. Sur ces questions, il peut tout subir, il ne doit pas céder.

Mais d'ailleurs tous ces projets n'ont été que des projets, des hypothèses, de l'encre sur du papier, des paroles. Or, pendant qu'on parlait, que faisait-on? Quittons les dépêches et rappelons les événements :

Le Pape a perdu les Légations par suite de l'entrée de la France en Italie ; cela est officiellement constaté.

Il a perdu les Marches et l'Ombrie, sans notre assentiment, mais avec notre tolérance, et malgré notre ambasssadeur, rappelé d'abord, puis bientôt renvoyé.

Le royaume d'Italie a été reconnu, et la devise de tous les cabinets piémontais qui se sont succédé depuis lors, a été de demander la possession de Rome, et son évacuation par la France.

Or, par la Convention la France s'en va, et le Piémont ne promet rien.

Le Pape a perdu un tiers de ses Etats, puis un second tiers, et le troisième est confié à la parole du voisin, qui a pris, malgré sa parole, les deux autres, et qui déclare toujours vouloir prendre le tout.

On en est là.

Nous voilà bien loin de la réforme, des règlements de police, judiciaires, politiques, municipaux ou commerciaux de l'Etat Romain! C'est qu'en effet, rien n'est plus loin de la pensée des prétendus réformateurs.

Je n'ai pas oublié des discours fameux. On a fouillé dans deux cents ans de dépêches écrites sous des gouvernements dont on ne songe pas à imiter la politique, par des diplomates dont les noms font sourire, quand on parle de réforme et de moralité. On a cité saint Bernard et sainte

Catherine, sans être saint soi-même, et on nous demande de nous confesser à des pécheurs bien résolus à ne pas nous absoudre. Nous ne sommes pas dupes de ce beau rigorisme. S'il est dans cette Europe qui laisse vivre la Turquie et mourir la Pologne, des nations assez libres et assez parfaites pour avoir le droit de reprocher au gouvernement romain des imperfections, qu'elles se lèvent donc et qu'elles parlent !

Mais est-ce bien là ce dont on se soucie? Nullement. On ne veut pas que le Pape se réforme, mais qu'il se retire. Et, lorsqu'après le départ des troupes françaises on se promènera dans les rues de Rome, en criant : *Vive la réforme !* le saint vieillard du Vatican n'aura qu'à tourner les yeux vers la France, pour savoir ce que *la réforme* fit des Tuileries, le 24 février 1848, et ce que signifie cette belle parole.

IV. Quant à la *réconciliation de l'Italie et de la Papauté,* je la désire de toute mon âme. Mais le cardinal Antonelli l'a écrit depuis longtemps, *elles ne sont pas brouillées.* Les Italiens religieux gémissent des attaques dirigées contre la Souveraineté pontificale. Les Italiens raisonnables savent bien que l'Italie sans le Pape n'intéresserait pas beaucoup plus l'Europe que le Danemark. Les Italiens pauvres, les ouvriers, les petits propriétaires, savent que leur sort n'est pas amélioré, que leurs impôts sont quadruplés ; ils donnent à regret leurs fils et leurs écus à des projets qu'ils réprouvent. Mais le Piémont, lui, est et demeure irréconciliable, car pour lui, se réconcilier veut toujours dire déposséder.

La Convention du 15 septembre est intitulée : Convention entre la *France et l'Italie*

L'Italie, elle se révolte à Turin, elle se résigne à Milan, elle s'indigne à Naples, et la voilà de nouveau jetée dans les aventures.

Son roi lui-même, ce roi qui a tout signé, je suis persuadé que le sang qui coule dans ses veines frémirait, s'il était au moment de mettre la main sur la tiare, et le pied dans ces parvis où les pénitents n'entrent qu'à genoux.

Qui donc en Italie veut renverser le Pape ? Ceux qui ont, en 1849, tiré sur le drapeau français, et ceux qui, aujourd'hui, déchirent d'avance la signature française. Ceux-là se nomment aujourd'hui l'Italie, comme chez nous les Jacobins se nommaient le peuple français. Voilà les gens avec lesquels il faut se réconcilier. Le veulent-il, eux? Non, à moins que le Pape ne s'en aille, et leur abandonne le Vatican.

Une telle réconciliation proposée au Pape, n'est-ce pas une indignité nouvelle, et comme un outrage à la majesté de sa justice en même temps qu'à la clémence de son cœur?

IV

Résumons et précisons.

Les paroles ne sont rien :

En France, on va dire que le gouvernement italien ne peut réprimer les paroles imprudentes, parce qu'il est obligé de ménager le parti extrême.

En Italie, on attribue déjà les explications tardives, insuffisantes et impuissantes de M. Drouyn de Lhuys, au besoin de ménager les catholiques.

On va dire encore en France ce que M. Billault avait coutume de répéter : que le gouvernement est sage, qu'il suit le juste milieu, qu'il se tient à égale distance des extrêmes, qu'il concilie les deux causes auxquelles il est également dévoué.

Eh bien ! non ! ce n'est pas entre des extrêmes que la France est placée, c'est entre des serments. On ne concilie pas celui qui veut prendre avec celui qui doit garder. On ne peut se tenir à égale distance du juste et de l'injuste ; il ne s'agit pas de proposer des conciliations dérisoires, mais de rester dans la justice et dans la vérité ; il ne s'agit pas de garder sa position, mais de garder sa parole, et se démentir n'est pas se dégager.

Mais, soit ! laissons là les discours. Quand leur bruit sera passé, il restera les engagements pris, les plus solennelles paroles données, le texte de la Convention et ses quatre articles.

Je ne parlerai plus des deux articles concernant l'armée et les finances, qui sont accessoires et inapplicables. Je m'arrête aux deux autres.

Le premier est la consigne donnée au Piémont pour qu'il nous relève de faction à la frontière romaine; or, nous savons déjà comment le factionnaire entend sa consigne.

Le second sera seul exécuté.

La France a deux ans pour se préparer à la retraite, le Pape deux ans pour se résigner à son sort, le Piémont deux ans pour s'acheminer à ses fins.

Toute la Convention est dans cet article.

Dans deux ans, tout sera prêt pour qu'une révolution éclate. Jusque-là, une consigne sévère évitera toute manifestation, et le calme le plus complet va régner à Rome; tout prétexte à la prolongation de l'occupation sera soigneusement écarté. Nous partis, l'émeute préparée éclatera. Si le Pape se défend, c'est un tyran; s'il laisse faire, il est perdu. Permis au Piémont de mitrailler les Turinois mécontents du transfert de la capitale, ou de fusiller par centaines les Napolitains qui défendent leur indépendance, mais le Pape, c'est autre chose! S'il laisse tirer le canon, on volera au secours de ses sujets opprimés. S'il aime mieux quitter Rome que de laisser couler le sang, on l'accusera de faiblesse, et sous prétexte de maintenir l'ordre, on occupera la ville.

Dans les forêts, quand un bûcheron veut jeter à terre un chêne séculaire, il abat les branches principales, puis il frappe le pied de l'arbre à coups de hache répétés; et avant de finir, il passe à la cime un nœud coulant, il en tire fortement le bout, puis il s'écarte et se met à l'abri : le géant s'affaisse, et l'on peut croire qu'il est tombé seul, de son propre poids.

Cette Convention, aux mains du roi d'Italie, est à mes yeux le nœud coulant aux mains du bûcheron. Mais je me suis dit que ce bûcheron, s'il achève son œuvre, n'agissait qu'avec la permission d'un autre qui est le maître, et mes yeux se sont mouillés de larmes à la pensée que la *Convention* que j'analyse était signée par la France.

Depuis que cette généreuse nation, appelée si souvent par le cours de ses glorieuses destinées à la défense du Saint-Siége, monte la garde au Vatican, le Souverain-Pontife, l'Episcopat, les fidèles, n'ont pas cessé de témoigner à l'Empereur et à son gouvernement une reconnaissance que les événements ont pu rendre inquiète, sans l'effacer.

Nous n'attendions pas, nous ne désirions pas une occupation permanente. Le Pape lui-même ne la voulait point permanente. M. Drouyn de Lhuys a rappelé que le Pape a demandé par deux fois que l'occupation cessât. Sans doute mais alors, vous ne l'aviez pas mis dans la nécessité et le péril où il est.

Pour moi, j'ai toujours pensé, je pense encore que la parole de la France remplacerait son épée, et qu'un jour viendrait où l'Empereur, avec toutes les puissances catholiques, dirait solennellement à l'Italie :

La Souveraineté du Pape est neutralisée et placée sous notre garantie collective. Vous n'y toucherez jamais, jamais, jamais !

Cette parole pouvait être dite à Villafranca, à Zurich, à Gaëte, à Naples, à Paris; elle pouvait être écrite encore dans la Convention du 15 septembre.

Elle n'y est pas. Et M. Nigra nous l'a dit, le Piémont y a lu la parole contraire.

Or si, avant la campagne d'Italie, les services rendus par la France au Pape étaient volontaires, depuis la campagne d'Italie, ils sont obligatoires. Car nous garantissons le Pape contre les conséquences de nos propres actes, et nous l'avons promis.

C'est désormais un poste d'honneur. Je ne vous demande pas si vous avez de la religion ; je ne vous demande pas si vous avez la foi, je vous demande si vous avez de l'honneur. Oui, certes ! Donc vous ne pouvez pas quitter Rome et livrer le Pape.

L'Empereur, dans sa loyauté, sait bien qu'il est engagé d'honneur à garder le Pape contre des périls qui ont grandi en même temps que ses triomphes. Le jour où la tranquillité du Souverain-Pontife sera atteinte, l'honneur de la France ne le sera pas moins. Le Pape ne sera exposé qu'à un malheur, la France sera exposée à un remords : et toutes les consciences délicates sont d'accord pour ne pas mettre en balance le poids d'une épreuve avec le fardeau d'une pareille responsabilité.

En un mot, la France aurait beau dire n'être plus garante de rien, elle serait responsable de tout.

Et quelle responsabilité ! — A celui auquel il a été dit : « Tu es Pierre, et sur cette Pierre je bâtirai mon église, » on ne touche pas impunément.

Un des plus vaillants chefs de nos vaillantes armées, et de ceux qui ont donné le plus de gloire à nos armes en Italie et ailleurs, disait naguère : « Je souhaite que pas une pierre « de cet édifice-là ne tombe sur Lui ni sur sa dynastie. »

Sans doute il est des événements qui tombent dans l'histoire comme une pierre dans l'eau. On voit une ride à la surface, et on passe en disant : qu'importe?

Mais il en est d'autres dont le bruit ne s'éteint pas, dont la tache ne s'efface jamais. Ni la gloire, ni les bienfaits, ni le temps n'apaisent la rigueur de la postérité qui les contemple et qui les maudit. Après un peu de temps, tout est oublié, enterré, jeté en poussière ; il reste à peine un portrait des plus grands conquérants, mais on insulte encore à leur nom, au souvenir de tel ou tel mot, de tel ou tel acte, que la mémoire humaine porte toujours comme un plomb au fond d'une blessure. On ne sait plus que Charles IX a signé les ordonnances du chancelier de L'Hôpital, qu'il aimait les arts, qu'il a fondé des écoles, qu'il a osé tenir tête à Philippe II. Mais on sait que, subjugué par des misérables, il a laissé commettre le forfait de la Saint-Barthélemy ou plutôt il ne l'a pas empêché, se bornant, dit un historien, « à laisser suivre le fil et le cours de l'entreprise. »

On ne sait plus que François Ier fut le plus léger et le plus dur des souverains, qu'il a gaspillé le sang et la fortune de la France, préféré ses plaisirs à ses devoirs, et ses viles maîtresses à ses sujets ; on sait seulement qu'il a écrit à sa mère après Pavie : « *Tout est perdu, fors l'honneur.* »

Cette criminelle faiblesse livre Charles IX à l'exécration ; ce mot sera à jamais un rayon au front de François Ier.

La chute du pouvoir temporel des Papes, si elle venait à s'accomplir, serait un de ces événements qui retentissent dans l'histoire et caractérisent une époque. Les princes qui l'auraient consommée seraient longtemps nommés et jugés sur cet acte. Quelle que soit leur carrière, ils n'auraient mis la main à aucun événement, dont les conséquences puissent être plus prolongées après leur mort, et dont ils

porteraient une responsabilité plus redoutable devant l'histoire, devant leurs enfants, et devant Dieu.

Si les Français se retirent, si Victor-Emmanuel se présente à Rome, que fera le Souverain-Pontife? Je n'ai aucune
qualité pour le dire. Mais si je suppose qu'il quittera Rome:
quelle douloureuse alternative se présente à mes regards.

Ou bien, proscrit, il ira de ville en ville, comme le Divin
Maître, sans avoir un asile où reposer sa tête. Quel spectacle
et quel remords !

Ou bien, une Puissance catholique lui offrira une résidence
souveraine. Il y sera reçu en Roi. Les ambassadeurs l'entou-
reront. Cette puissance ne sera pas la France, hélas! qu
aura contribué à ses malheurs.

Ainsi donc, nous aurons dépensé tant d'efforts, de sang,
d'argent, pour vouer le Saint-Père à l'exil, ou pour le porter
de nos mains chez quelque nation rivale.

Cette considération qui m'épouvante fait aussi mon espoir.

Quand la Souveraineté pontificale ne reposerait plus sur
l'épée de la France, elle reposerait toujours sur son honneur.

Le jour où le Pape serait dépossédé, après notre abandon,
la France serait déshonorée.

Il n'en sera pas ainsi.

Et c'est pourquoi, laissant tomber de mes mains cette
Convention qui ne convient de rien, cet arrangement qui
n'arrange rien, je me console, espérant en Dieu, et répétant
toujours la même parole :

Quand la France, après deux ans, ne serait plus garante
de rien, elle demeurerait responsable de tout

6

Non, la France ne sera ni la dupe, ni la complice du Piémont.

Le Piémont nous a rendu notre parole ; nous la reprendrons.

DEUXIEME PARTIE

DEUXIÈME PARTIE.

L'Encyclique du 8 décembre.

—————

Si j'ai démontré que l'abandon de Rome ne ferait ni le bonheur de l'Italie, ni l'honneur de la France, je n'aurai pas de peine à renverser l'argument de ceux qui se réjouissent, et prétendent que l'Encyclique du 8 décembre facilitera cet abandon et le justifiera.

Et d'abord les ennemis du Pape qui saisissent bruyamment ce prétexte, se seraient passés de tout prétexte. Personne ne s'y méprendra.

De plus, si les fins auxquelles on tend sont mauvaises, pourquoi se réjouir qu'elles soient facilitées? Faut-il se réjouir que le mal devienne plus aisé à commettre?

Mais non, je pénètre la tactique de nos adversaires. Je l'ai déjà dit: Parler désormais le moins possible de la *Convention* et la tenir cachée sous le manteau, comme une arme décisive pour le dernier moment; et, en attendant, afficher, exagérer, défigurer l'*Encyclique*, et diffamer le Pape avant de le renverser; se montrer plus exigeant que le Pape, plus ultramontain que les ultramontains, et crier à tous les catholiques : « Pas une réflexion, pas une explication, pliez le genou ; » afin de les jeter tous plus aisément par terre : Voilà la consigne.

Je ne serai pas dupe, et je parlerai ; je parlerai, car « il y a le temps de parler, dit l'Écriture, et le temps de se taire. » Je parlerai ; car c'est précisément à l'heure où le Souverain-Pontife est le plus indignement attaqué, que je suis le plus heureux de lui donner un nouveau témoignage de ma vénération, de mon dévoûment, de ma soumission et de ma piété filiale. Les écrivains qui auraient dû se taire ont tout d'abord parlé ; il est bien juste que ceux qu'on aurait dû laisser parler tout d'abord cessent de se taire.

Le moment de dire à tous une parole utile est venu, je le sens.

Il y en a qui disent que les paroles du Pape sont inopportunes ?

On se trompe de mot. C'est *importunes* que l'on veut dire. Oui, je le sais, les remontrances de l'Église sont importunes. Depuis saint Pierre et saint Paul, l'Eglise est chargée d'importuner le monde et de le réprimander. Les hommes souvent sont semblables à des enfants. Les remontrances les fatiguent, parce qu'elles les entravent. Mais c'est la gloire du Christianisme. Depuis qu'il a paru dans le monde, le mal n'est pas vaincu, mais il n'est plus tranquille, et il lui est défendu de régner en paix.

J'en conviens donc, les paroles du Pape sont importunes, elles vous troublent, elles vous inquiètent, elles vous révoltent. Mais de quel côté est le droit, la vérité et la raison.

C'est ce qu'il s'agit d'examiner.

Et ce que je dirai avant tout, c'est que, dans la téméraire

précipitation avec laquelle on s'est jeté sur cette Encyclique, nous avons eu un des plus étonnants exemples de cette ardeur emportée qui nous caractérise, et que les Italiens ont nommée la *furia francese*, laquelle est bonne assurément pour leur gagner des batailles de Solferino, mais l'est fort peu pour interpréter des Encycliques. Ce qui devait arriver est arrivé.

M. le Ministre des affaires étrangères se plaignait, dans une de ses dernières notes diplomatiques, qu'on lût entre les lignes de ses dépêches ce qui ne s'y trouvait pas; il reconnaîtra, j'en suis convaincu, que le même danger était à craindre pour un document théologique, livré en proie aux interprétations ignorantes et passionnées de la foule.

L'Encyclique n'a pas été interprétée, elle a été dénaturée :

Et le gouvernement lui-même s'y est étrangement mépris.

I

LES CONTRE-SENS ET LES CONTRE BON SENS.

Et d'abord, il faut remarquer que les documents romains
étaient adressés, non pas aux journalistes, non pas
même aux simples fidèles, mais aux évêques.

Or, il est arrivé précisément qu'ils ont été dérobés aux
évêques, et donnés en pâture aux journalistes.

Et ici, que l'on me comprenne bien, que l'on n'aille
pas au delà de ma pensée; je n'ai nulle intention de jeter
le dédain sur la presse. Nul plus que moi ne reconnaît, avec
ses dangers, avec son irrésistible et inévitable puissance,
les avantages qu'elle peut offrir; nul surtout ne professe
une sympathie plus sincère pour tant de généreux écrivains, qui, malgré toutes les entraves et tous les périls,
se dévouent courageusement dans la presse religieuse au
service de la société et de la religion.

Mais enfin qu'ont fait tout d'abord la plupart des journalistes? Ils ont fait à qui mieux mieux, dans la traduction
de l'Encyclique et du *Syllabus*, des contre-sens et des contre
bon sens, et, je suis obligé de le dire, les plus ridicules, les
plus inattendus, même sur les points les plus graves.

Et cela, non pas seulement *le Siècle*, mais le *Journal des
Débats* lui-même, qui est d'ordinaire, grammaticalement,
plus sûr que *le Siècle*.

J'ai compté, dans la traduction donnée par le *Journal des Débats* de l'Encyclique et du *Syllabus*, plus de *soixante-dix* contre-sens.

Si le *Journal des Débats* a été jusque-là, que n'aura pas fait *le Siècle ?*

Qu'on me permette d'en citer quelques exemples :

— On fait condamner au Pape l'immutabilité divine, en traduisant par « immuable », l'expression latine *immutationibus obnoxium*, qui signifie précisément le contraire. (Prop. 1.)

— On lui fait stigmatiser comme une erreur, cette élémentaire et évidente vérité que Dieu est partout, dans toutes les créatures, en traduisant : « Dieu *est* dans l'homme et dans le monde, » là où le Pape signalant et frappant la monstrueuse erreur panthéistique, le *perpétuel devenir*, de M. Renan et autres, condamne ceux qui disent : *Deus fit in homine et in mundo*, « Dieu se fait dans l'homme et dans le monde. » (Prop. 2.)

— Les erreurs *sur* la société civile, *errores* DE *societate civili*, deviennent les erreurs DE la société civile. (Titre du § 6.)

— Dans la proposition 39, on prend *reipublicœ*, la chose publique, pour la *république,* et on fait condamner au Pape *l'Etat républicain*, ce à quoi assurément il n'a jamais songé.

— Je veux bien ne prendre que pour une faute de copiste le contre-sens suivant : *Episcopis fas non est vel ipsas litteras apostolicas promulgare* : « Les évêques n'ont pas le droit de promulguer *leurs* lettres apostoliques. »

Mais dans la proposition relative à la nomination aux évêchés, *per se* est traduit comme s'il y avait *pro se* « pour

soi, » ce qui fausse complétement le sens : Par cette traduction, le Pape semble dénier aux gouvernements le droit qui
leur est attribué par les concordats, de nommer aux évêchés, au lieu que le Pape dit simplement, qu'ils n'ont pas
ce droit « *par eux-mêmes.* » (Prop. 50.)

— Dans la même proposition : *procurationem*, qui signifie
« *administration*, » est traduit par « *prise de possession.* »

— Et ailleurs, je lis : « Le gouvernement peut *dans son*
« *droit* changer une époque fixée par l'Église pour l'ac-
« complissement *des devoirs religieux des deux sexes.* »
Qu'est-ce que cela veut dire ? Je recours au texte de la proposition condamnée, et je trouve : « Le gouvernement
« peut, de sa propre autorité, changer l'âge fixé par l'Église,
« *pour la profession religieuse* dans les monastères, soit de
« femmes, soit d'hommes. » — Ici, l'interprète du journal,
au lieu d'un contre-sens, en fait deux : il traduit *ætatem*
par « une époque, » et *professionem religiosam*, par « l'ac-
complissement des devoirs religieux, » comme s'il s'agissait des pâques, du jeûne ou de la messe du dimanche.
(Prop. 52.)

— Voici un autre contre-sens des plus singuliers : Qui
eût pensé que le Chef de l'Église trouvât à redire à une
proposition comme celle-ci : « Le gouvernement civil...
« peut FAVORISER les établissements religieux... » C'est pourtant ce que le traducteur fait condamner au Pape. Le mot
qui l'a trompé, c'est *penitus extinguere;* il le traduit par
« *favoriser,* » *traiter avec faveur,* » et ce mot signifie « *dé-*
« *truire de fond en comble.* » (Prop. 53.)

— Et que dira-t-on de ce galimatias-ci ? « Il n'y a pas
d'autres forces reconnues que celles qui résident dans la
matière, *et qui, contre toute discipline, toute honnêteté de*

mœurs, se résument dans l'accumulation des richesses, et dans *la satisfaction de tous les plaisirs.* » C'est ainsi qu'on rend la proposition condamnée, dont voici la vraie traduction : « Il ne faut reconnaître d'autres forces que celles qui « résident dans la matière, et toute la morale, toute l'hon- « nêteté doit se réduire à accumuler et à augmenter ses « richesses par tous les moyens possibles, et à se procurer « toutes sortes de jouissances. » (Prop. 58.)

— « L'Eglise ne doit dans aucun cas *sévir contre la philosophie,* » Le traducteur a vu là : « l'Eglise ne doit jamais *s'occuper* de philosophie, » il a cru qu'*animadvertere* voulait dire *regarder à... faire attention à...* (Prop. 11.)

— *Inducere impedimenta dirimentia* est constamment traduit par « PRONONCER *sur les empêchements dirimants.* » (Prop. 68, 69, 70.)

— Puis vient *Causœ matrimoniales et sponsalia* « les causes matrimoniales et les fiançailles. » Mais SPONSALIA passait la portée du traducteur ; il a mis : « Les causes matrimoniales ou *nuptiales.* » Il traduit : *et* par *ou ; sponsalia,* par *causes nuptiales ;* comme si c'était la même chose. (Prop. 74)

— (Prop. 77.) *Non expedit :* traduction du journal, « Il n'est plus nécessaire... » Le traducteur n'a pas compris la différence importante qu'il y a entre : il n'est pas expédient, et il n'est pas nécessaire.

— *Indomitam cupiditatem,* « cupidité effrénée, » est traduit par « indomptable assiduité. » (Encycl.)

Je trouve : *Vel ipsa germana justitiæ notio,* traduit par « la notion *étroitement liée* de la justice, » au lieu de : « la « *vraie* notion de la justice » (Encycl.) Ce qui a trompé le traducteur, c'est *germana,* qui signifie quelquefois *liée par le sang.*

— Tout le monde sait que la concorde entre le sacerdoce et l'empire, malheureusement, n'a pas toujours existé : on fait dire au Pape juste le contraire. Il avait dit : « La concorde et l'entente entre le sacerdoce et l'empire fut toujours une chose heureuse et salutaire : *Fausta semper extitit et salutaris.* C'est ce malheureux *extitit* qui a dérouté le traducteur; il n'a pas vu que *extitit* avait ici, en bon latin, le sens de *fuit* (Encycl.)

— Je trouve encore dans la traduction de l'Encyclique : « *Les deux clergés de qui nous viennent, d'une manière si authentique, les monuments les plus certains de l'histoire...,* » au lieu de « comme le prouvent avec évidence les « monuments les plus certains de l'histoire. »

— La clause dérogatoire, « nonobstant toutes dispositions « à ce contraires, même celles auxquelles il ne peut être « dérogé que par une mention et une dérogation spéciale « et individuelle, » est traduite de cette étrange façon : « Nous en avons ainsi décidé, nonobstant tout ce qui pour- « rait être fait de contraire par une mention spéciale et in- « dividuelle et qui serait digne d'une dérogation. » Ici, assurément le traducteur n'a pas plus compris son français que le latin même.

— Et que dire enfin de cette incroyable phrase : « Les « prières, les gémissements et les larmes, au moyen des- « quels il faut insister et RESTER (rester où?), frappent à la « porte. »

— « L'archevêque de Freisingen, *archiep. Frising.*, c'est dans la traduction : « l'archevêque Frisiny. »

— « L'évêque de Montréal » *Episc. Montisregal.*, c'est « l'évêque Montisregal, » comme qui dirait : Monseigneur

Montisregal, monseigneur Frisiny. Ce sont pourtant des noms de villes assez connus — Le traducteur les a pris pour des noms d'hommes.

Mais, me diront les rédacteurs du *Siècle*, et les jeunes professeurs du *Journal des Débats*, pourquoi Rome parle-t-elle une langue qu'on ne peut comprendre?

Que vous ne pouvez comprendre, soit ; mais ce n'est pas seulement le sens théologique, c'est le sens littéral, le sens grammatical, c'est le dictionnaire et la grammaire que vous avez violés. Prendre des noms de villes pour des noms d'hommes, des verbes pour des substantifs, des affirmations pour des négations, etc., etc., n'est-ce pas vraiment trop extraordinaire pour des gens qui ont fait leurs classes et qui ont d'ailleurs à leur disposition les dictionnaires de M. Quicherat et de M. Bouillet? — Est-ce que vous auriez passé cela à vos élèves de sixième?

Et quand vous ne vous seriez trompés que sur le sens théologique, pourquoi vous aviser de traduire ce que vous ne pouvez comprendre? pourquoi vous y précipiter comme vous l'avez fait? Ne pouviez-vous consulter quelqu'un, ne fût-ce qu'un de vos anciens, plus accoutumés que vous à la langue théologique? Est-ce que chaque science n'a pas sa langue propre? Est-ce que je ne serais pas le plus téméraire et le plus ridicule des hommes, si j'allais, moi, traduire les apophthegmes d'Hippocrate pour l'Académie impériale de médecine, ou les propositions d'Euclide pour l'Académie des sciences, ou les Pandectes pour celle des sciences morales et politiques, sans me donner le moindre souci de savoir ce dont je parle et ce dont j'écris? Pense-t-on que mon étourderie serait bien venue dans le monde savant? Non, on me remettrait à ma place, et, sans délibérer, on me déclarerait à jamais indigne d'être entendu sur tout cela, et par suite sur le reste.

Or, c'est juste l'énormité où sont tombés les journalistes, et je suis obligé d'ajouter que plusieurs parmi les mieux intentionnés n'ont pas ici échappé au piége qui leur était tendu.

Mais, certes, n'ai-je pas bien le droit de dire à ces journalistes ennemis de l'Église : avec des contre-sens et des contre bon sens pareils, vous convenait-il de vous donner des airs si triomphants?

Aussi donc se sont passées les choses, le malentendu a été grossissant de plus en plus : là où l'Encyclique disait oui, on a déclaré qu'elle disait non ; et *vice versa* : le mois qui vient de s'écouler pourrait vraiment s'appeler dans l'histoire *le mois des dupes*.

Au moment où ces messieurs allaient tant crier contre l'infaillibilité de l'Église, que n'ont-ils douté un peu plus de l'infaillibilité de l'agence Havas ou de telle autre agence? Le moindre écolier leur aurait épargné une mystification qui serait risible, si elle n'avait exercé les plus effroyables ravages au sein des âmes.

Mais, il faut l'ajouter, les journaux ont une excuse; seulement elle leur vient d'une région d'où elle ne devait pas leur venir.

Et ici mes regrets ou mes reproches, si j'ai le droit d'en exprimer, remontent plus haut.

Je ne viens pas discuter la loi au nom de laquelle M. le Garde des Sceaux a signifié aux Évêques la défense de publier et d'interpréter l'Encyclique; mais je dis que par suite s'est produit un fait d'une anomalie absolument inexcusable et inacceptable dans un pays de bon sens, de

bonne justice, et de loyauté comme la France : à savoir que
ceux qui étaient absolument incapables de bien comprendre,
de traduire et d'interpréter l'acte pontifical, ont été seuls
libres de le faire, et qu'on a défendu de s'en mêler à ceux-là
seuls qui en étaient capables, et dont c'était le droit et le
devoir inaliénables.

J'avoue même qu'ici mon étonnement n'a pas de bornes :
on a donné aux journalistes un droit qu'on ne leur laisse
guère d'habitude, celui de publier, en toute liberté, avec
toutes sortes d'amplifications et d'aggravations, un acte que
M. le Ministre des Cultes déclare attentatoire à la Constitution de l'Empire! Nous voyons sans cesse des journaux,
surtout des journaux religieux, avertis, suspendus, supprimés, ou bien encore arrêtés à la frontière, pour moins que
cela assurément. Et lorsque les évêques voudraient élever
la voix, lorsque, sans contester aux journalistes la faculté
dont ils ont joui, ils voudraient parler enfin à leur tour,
dissiper les malentendus, montrer du doigt les contre-sens,
détourner l'immense torrent de mensonges, d'erreurs et de
haines qui monte contre l'Église, seuls ils devront se taire!
Ils ne pourront pas donner d'explications, pas rédiger de
consultations, pas faire ce que fait tout jurisconsulte, tout
avocat, sur un texte de loi ou sur un procès en litige, eux
qui sont les gardiens et les interprètes jurés de la doctrine :
ils devront courber la tête, tout entendre, tout endurer,
tout dévorer en silence !

Et cela dans un pays catholique! et au nom des *libertés*
et des *franchises* de l'Église gallicane ! Mais, en vérité, ne
serait-il pas temps d'épargner à notre langue, si nette et si
franche, de si violents contre-sens? Je ménage mon expression; mais, si ce sont là les libertés et les franchises qui

constituent votre libéralisme, laissez-moi vous le dire, nous ne sommes pas plus prêts que le Pape à nous réconcilier et à composer avec lui. Nous n'avons pour cela ni l'esprit assez simple, ni le caractère assez servile.

Ce n'est pas tout encore : les déclamations haineuses et menteuses des journaux irréligieux, qui se sont jetés sur l'Encyclique comme sur une proie, ont pénétré dans toutes les maisons, circulé dans tous les villages, retenti partout; un immense trouble agite les esprits; de tous côtés les catholiques les plus sérieux s'adressent à leurs Évêques, ils leur soumettent des questions, et les Évêques ne pourraient pas répondre.....

Si c'est encore ainsi qu'on entend la liberté de conscience, nous ne sommes pas mieux disposés que le Pape à nous réconcilier avec cette liberté-là!

II

L'ACTE PONTIFICAL.

C'est un grand acte, assurément, pour quiconque saura se placer ici au vrai point de vue des choses.

Pourquoi ne tâcherions-nous pas au milieu de nos querelles, de maintenir debout certains principes d'équité naturelle, région supérieure et patrie commune des honnêtes gens ?

Je viens de le dire aux journalistes, pour qui l'Encyclique a été une machine de guerre : il n'est pas permis de parler de ce qu'on ignore, et de s'ériger en docteurs dans des matières dont on sait à peine le premier mot.

Maintenant, quant à l'acte pontifical, à tous les hommes de bonne foi, je poserai simplement les questions suivantes :

Y a-t-il aujourd'hui, dans le monde, des erreurs?

Ces erreurs sont-elles des périls? oui, ou non?

Qu'on réponde ; et les yeux fixés sur les dangers qui nous entourent, sur tant d'attaques, souterraines ou déclarées, qui menacent l'Église et la société tout entière, on reconnaîtra que l'Encyclique, loin d'être un acte d'agression, n'est qu'un grand acte de défense.

Quoi! vous vous étonnez? vous trouvez étrange que le Chef de l'Église catholique ose se plaindre? qu'il ne soit pas

7

content? que, Pasteur universel des âmes, il défende sa foi et la nôtre, et tout l'ordre moral attaqué?

Il y a deux ans, j'ai poussé, du fond de ma conscience émue, un des cris les plus douloureux que m'aient arraché les tristesses contemporaines. Dans des écrits vantés et populaires parmi la jeunesse, j'avais lu avec épouvante les négations les plus audacieuses de toutes les grandes vérités qui sont la base des sociétés humaines non moins que de la Religion : point de Dieu, point d'âme, point de libre arbitre, pas de distinction essentielle entre le bien et le mal, entre le vrai et le faux, pas de vie future : voilà ce que je découvrais dans ces livres, et je l'ai dénoncé hautement, dans un *Avertissement aux pères de famille*, que la France a lu avec quelque émotion.

Voilà les erreurs qui circulaient et qui circulent encore autour de nous.

Direz-vous qu'elles sont sans danger?

Mais quoi! tant de condamnations, dites-vous?

Que ne dites-vous plutôt, dans le juste effroi de vos consciences : Quoi! tant d'erreurs autour de nous! tant de poisons dans l'atmosphère où nous vivons, et où nos enfants respirent!

Certes, je conçois que tous vous ne soyez pas satisfaits. Ah! sans doute, il y a des gens à qui cette grande mission de l'Église d'être la ferme colonne de la vérité dans la monde : *columna et firmamentum veritatis*, ne plaît pas. Cette grande force, cette grande voix les importune; mais il faut qu'ils en prennent leur parti : sur cela, nous ne céderons pas. Et n'est-il pas évident que, sans cette vigilance et cette inflexibilité de l'Église enseignante, la société chrétienne aurait été depuis longtemps dissoute, et eût succombé comme les œuvres purement humaines, sous les coups du temps? Mais elle vit, immortelle, et la parole de Dieu ne se taira jamais sur les lèvres de son Église, et du vicaire de Jésus-Christ.

Et je dis que, même à un point de vue tout humain, cela est grand. Et pour moi, je trouve que le Pape, tel qu'il est, est à cette heure quelque chose d'admirable.

Fussé-je un simple philosophe, aussi bien que je suis un chrétien et un évêque, oui, je trouverais que c'est un beau spectacle que ce vieillard, en proie aux plus grandes tristesses, menacé plus que jamais, et qui, au milieu du frémissement de tous ses ennemis qui l'assiégent dans ses dernières petites frontières, oublie tous ses périls, et ne songe qu'à élever la voix pour défendre l'ordre divin, l'ordre moral, et toute la société européenne, contre les monstres d'erreurs qui la menacent, contre les illusions, les faux principes, les doctrines erronées, prévoyant d'ailleurs l'effroyable tumulte qui va se faire autour de lui et autour de nous.

Oui, cela est grand.

Et, malgré nos défaillances, qui n'admirerait une telle intrépidité au milieu des difficultés présentes, et ce peu de souci de tout ce qui n'est pas la vérité éternelle?

III

FAUSSES INTERPRÉTATIONS ET VRAIS PRINCIPES.

Soit, direz-vous, oui, le Pape est dans son droit, dans son devoir, dans son rôle, et ce rôle est grand. Mais le Pape excède, il outre-passe sa mission : il condamne ce qu'il ne faut pas condamner.

J'admire vraiment la hardiesse de ces messieurs, qui s'arrogent si facilement à eux-mêmes l'infaillibilité qu'ils refusent à l'Église et au Pape !

Mais suivons-les sur leur terrain, et, puisqu'ils nous provoquent, comparons quelques moments les règles d'interprétation qu'il aurait fallu appliquer ici, pour être équitable, et les interprétations qu'ils se sont permises. On verra à quel degré ont été froissées toutes les délicatesses de ces graves questions, et à quels excès on s'est laissé emporter.

J'en demande pardon à mes lecteurs, mais il est absolument nécessaire, l'équité le demande, de présenter ici quelques-uns au moins des principes de solution qui répondent aux attaques lancées contre l'Encyclique : principes qui n'ont pas été moins méconnus que le sens littéral des mots.

Et d'abord les journalistes assurément ne sont pas tenus d'être théologiens ; mais, quand on se fait juge, tout le monde est tenu du moins à ne pas franchir les bornes de sa compétence.

Chose étonnante, que ce qui est le signe d'une impardonnable étourderie dans les matières même les moins graves, soit compté pour rien dans les choses les plus solennelles, et qu'en religion surtout on se permette de trancher là où l'on ignore! Indépendamment des contre-sens, quel est celui de ces messieurs et de leurs lecteurs qui n'a pas jugé en souverain l'acte pontifical, sans songer à se poser un seul moment à lui-même la question de compétence?

Sait-on bien dans le monde ce qui découle rigoureusement d'une proposition condamnée? Ou plutôt, à voir la manière dont on a exagéré les condamnations pontificales, n'est-ce pas ce que la plupart de ceux qui ont écrit sur l'Encyclique ignorent absolument? Je les étonnerai sans doute en leur rappelant des principes qui sont élémentaires, non-seulement en théologie, mais en logique. Par exemple :

C'est une règle élémentaire d'interprétation que la condamnation d'une proposition, réprouvée comme fausse, erronée, et même comme hérétique, n'implique pas nécessairement l'affirmation de sa *contraire*, qui pourrait être souvent une autre erreur; mais seulement de sa *contradictoire*.

La proposition *contradictoire* est celle qui exclut simplement la proposition condamnée. La *contraire* est celle qui va au delà de cette simple exclusion.

Eh bien! c'est cette règle vulgaire, qu'on parait n'avoir pas même soupçonnée dans les inconcevables interpréta-

tions qu'on nous donne depuis trois semaines de l'Encyclique et du *Syllabus*.

Le Pape condamne cette proposition : « Il est permis de
refuser l'obéissance aux princes légitimes. » (Prop. 63.)

On affecte d'en conclure que, d'après le Pape, le refus
d'obéissance n'est jamais permis, et qu'il faut toujours courber la tête sous la volonté des princes. C'est aller d'un bond
à la dernière extrémité de la *contraire*, et faire consacrer
par le Vicaire de Jésus-Christ le despotisme le plus brutal,
et l'obéissance servile à tous les caprices des rois. C'est
l'extinction de la plus noble des libertés, la sainte liberté
des âmes. Et voilà ce qu'on fait affirmer au Pape !

C'est une autre règle, non moins élémentaire d'interprétation, qu'il faut regarder si la proposition condamnée
est *universelle* et *absolue* ; car, alors, il peut souvent arriver
qu'une telle proposition ne soit frappée qu'à cause de son
universalité et de son sens trop absolu.

Exemple : « Il faut proclamer et observer le principe
appelé de *non-intervention.* » (Prop. 62.)

Le Pape, en condamnant cette proposition, a-t-il voulu
dire qu'il faut intervenir à tort, à travers, sans discernement,
toujours ? Et vous, prétendez-vous qu'il ne faille intervenir
jamais ?

En un mot, le Pape a-t-il prétendu faire de l'intervention
une règle absolue et universelle ?

Le dire serait une absurdité ridicule !

Et cependant ces messieurs ne craignent pas d'écrire,
en toutes lettres, je l'ai lu : « Le Pape érige *en hérésie* le
principe de *non-intervention.* »

L'intervention ne peut pas plus que la non-intervention être la règle absolue.

Le Pape veut simplement qu'on ne fasse pas de la *non-intervention* un principe universel, qu'il faille proclamer, observer toujours, comme un axiome de droit international. C'est tout simplement du bon sens.

Un tel droit, en tout cas, serait bien nouveau! Et a-t-il jamais été pratiqué, même dans les temps modernes, comme un *principe?*

La non-intervention, comme l'intervention, sont des conduites, des conduites bonnes ou mauvaises, justes ou injustes, sages ou imprudentes, selon les cas et les circonstances : aux yeux d'aucun vrai politique, ce ne seront jamais là des principes. Nul gouvernement n'acceptera le rôle de don Quichotte ; mais ne serait-ce pas aussi souvent une barbarie, non moins impolitique que cruelle, d'imposer à tous les peuples de la terre, comme un principe, de se croiser les bras et de laisser faire, tandis que le sang coulerait à flots, dans d'épouvantables guerres fratricides? Et, serait-ce donc un si grand péché, par exemple, si la France et l'Angleterre intervenaient demain en Amérique, pour arrêter ces affreux égorgements où déjà plusieurs millions d'hommes ont péri? Et qu'avons-nous fait au Mexique? Qu'avons-nous fait en Chine, en Crimée, en Italie, Qu'aurait-on pu faire en Pologne?

Non, non, calomniez, insultez le Pape tant que vous voudrez : l'histoire enregistrera comme un nouveau titre de la Papauté, à la reconnaissance de l'Europe et de l'humanité tout entière, d'avoir, autant qu'il était en elle, empêché que ce barbare laisser-faire que vous appelez la *non-intervention*, passât en *principe*, au XIXe siècle, dans le droit public des nations !

C'est une autre règle d'interprétation et de bon sens qu'il faut étudier et peser attentivement tous les termes d'une proposition condamnée, pour voir sur quoi porte, ou ne porte pas la condamnation.

Et bien ! c'est cette règle surtout, si simple, si évidente, à laquelle la légèreté des journaux et du public semble n'avoir fait ici aucune attention. J'en pourrais citer vingt exemples.

Ainsi le Pape condamne cette proposition : « Le Pontife romain peut et doit *se réconcilier et transiger avec la civilisation moderne.* »

Donc, conclut-on, la Papauté se déclare l'irréconciliable ennemi de *la civilisation moderne.*

Tout ce qui constitue la civilisation moderne est, d'après les journaux ennemis de l'Église, condamné par le Pape.

Cette interprétation est tout simplement une absurdité.

Les mots qu'il fallait ici remarquer sont se *réconcilier* et *transiger.*

Dans ce que désignent nos adversaires, sous ce nom si vaguement complexe de *civilisation moderne,* il y a du bon, de l'indifférent, et il y a aussi du mauvais.

Avec ce qui est bon ou indifférent dans la *civilisation moderne,* le Pape n'a pas à se réconcilier : le dire serait une impertinence et une injure, comme si l'on disait à un honnête homme : « Réconciliez-vous avec la justice. »

Avec ce qui est mauvais, le Pape ne doit ni ne peut se réconcilier ni transiger. Le prétendre serait une horreur.

Voilà le sens, très-simple, de la condamnation portée

contre la proposition 80e, sur laquelle du reste je reviendrai..

Et il en est de même, dans la même proposition 80e, de ces autres mots, également vagues et complexes, de *progrès* et de *libéralisme*. Ce qu'il peut y avoir de bon dans ces mots et dans ces choses, le Pape ne le rejette pas; ce qui est indifférent, il n'a pas à s'en occuper; ce qui est mauvais, il le réprouve; c'est son droit et son devoir.

Et d'ailleurs il était temps et grand temps de faire remarquer au monde combien certains hommes le trompent et l'égarent avec des mots sonores et mal définis, sous lesquels, à côté du bien, s'abritent et se propagent tant d'erreurs funestes, intellectuelles, religieuses, morales, politiques et sociales.

Autres règles encore : Dans l'interprétation des propositions condamnées, il faut remarquer tous les termes, toutes les plus légères nuances; car le vice d'une proposition ne tient souvent qu'à cela, à une nuance, à un mot, qui seul fait l'erreur. Il faut distinguer les propositions absolues, et les propositions relatives; car, ce qui pourrait être admissible en hypothèse, sera souvent faux en thèse. Il y a de plus des propositions équivoques, dangereuses, qui peuvent n'être condamnées qu'à cause de l'équivoque même, et du sens mauvais auquel elles donnent lieu, quoiqu'elles puissent avoir aussi un sens bon. Enfin il y a des propositions, --- et le *Syllabus* en renferme plusieurs — qui ne sont condamnées que dans le sens de leurs auteurs, et non dans le sens absolu des mots séparés du contexte. Etc., etc.

Je demande pardon à mes lecteurs de toute cette théologie; mais il faut bien rappeler les principes, en un temps où des milliers d'hommes, et de femmes même, en France,

parlent théologie du matin au soir depuis plusieurs semaines , sans y entendre grand'chose.

Quelques personnes du monde diront peut-être que la
théologie est bien subtile! Que de distinctions! — Oui, la
théologie, comme la philosophie, comme la jurisprudence,
distingue beaucoup, parce qu'en effet dans les questions de
doctrine, comme dans les questions de droit, il faut beaucoup
distinguer, sous peine de beaucoup confondre. La vérité a
des nuances infinies, et il faut savoir discerner ces nuances,
ou ne pas s'en mêler. Et au fond, toutes ces distinctions ne
sont que des précautions prises par la théologie, pour ne
pas condamner les hommes, pour épargner à nos âmes des
périls, pour ne point rejeter ce qui ne doit pas l'être : ce sont
les efforts du défenseur pour son client ; et le client, c'est
vous et moi, Messieurs ! Ne soyez pas ingrats.

Qu'on me permette encore quelques exemples de propositions dont la condamnation a été étrangement entendue,
parce que toutes les règles d'interprétation ont été mécon-
nues ou oubliées ; ou bien parce qu'on a lu, avec une incon-
cevable légèreté, des formules théologiques, rédigées dans
les termes brefs et savants de l'école, à peu près comme
on a coutume de lire les journaux et les romans.

Ainsi, pour me borner aux principales, il y a dans l'Encyclique une proposition relative à la liberté des cultes.

Eh bien ! cette proposition a été interprétée de telle sorte
que la moitié de la France, à l'heure qu'il est, s'imagine
que le Pape a réellement condamné tout libre exercice des
cultes dissidents, condamné les constitutions de presque
tous les Etats de l'Europe qui admettent ce libre exercice
des cultes, et qu'il ne sera plus permis, conséquemment,

de prêter serment désormais à la constitution de notre pays.

Voici cette proposition, dont le caractère absolu et excessif saute aux yeux :

« La *souveraine perfection sociale* et le *progrès* civil exi-
« gent *impérieusement* que la société humaine soit consti-
« tuée et gouvernée *sans tenir plus de compte de la reli-*
« *gion, que si elle n'existait pas*, ou du moins sans faire
« aucune différence entre la vraie religion et la fausse. »
(Encycl.)

Est-ce sérieusement qu'on nous demanderait de souscrire à une si exorbitante doctrine ? Et si le Pape la flétrit, comment appeler la logique au nom de laquelle on voudrait conclure de là, qu'il condamne la constitution politique où est admise la tolérance et la liberté civile des cultes dissidents ?

Mais je reviendrai sur ce sujet, il est trop grave pour que je ne dise pas à cet égard toute ma pensée.

La liberté de la presse, autre grief qui excite des clameurs furieuses contre l'Encyclique.

Encore ici, malentendu, parce que on n'a pas lu ou qu'on a mal lu.

Voici le texte de la proposition condamnée : *Jus civibus inesse* OMNIMODAM LIBERTATEM, NULLA *vel ecclesiastica, vel civili auctoritate coarctandam, quo suos conceptus* QUOSCUM-QUE *sive voce, sive typis, vel alia ratione palam publiceque manifestare ac declarare valeant.* « Tous les citoyens ont *droit* à une *liberté entière, illimitée,* de manifester et déclarer publiquement, de vive voix, ou par la *presse,* ou de toute autre manière, leurs pensées, *quelles qu'elles soient,* sans que *nulle autorité* ni *ecclésiastique* ni *civile* puisse apporter à cette liberté *aucune restriction.* »

Le Pape dit que c'est là une erreur : empruntant la forte expression de Grégoire XVI, il va jusqu'à dire que c'est un délire.

Nous le disons aussi, nous le dirions tous, quand même le Pape ne l'aurait pas dit : tout homme de bon sens, quelle que soit sa foi religieuse ou politique, le dira avec nous et aussi fort que nous.

Et si, par impossible, on transformait une pareille proposition en projet de loi, je le demande, pense-t-on qu'il se trouvât en Europe, ou quelque part au monde, un ministre qui osât présenter une loi ainsi formulée? un parlement qui voulût la voter? un souverain qui consentît à la sanctionner?

Certes, si c'est là l'idéal de la liberté, du progrès, de la civilisation, il faut reconnaître, grâce à Dieu, que nous en sommes loin encore, et je ne le regrette pas. Que deviendrait une société où une pareille liberté serait pratiquée?

Sachez donc lire !

On dit encore que le Pape veut envahir le temporel !

Pourquoi? comment?

Le Pape condamne des doctrines, déjà et bien des fois flétries, lesquelles méconnaissent la vraie condition de l'Eglise, fille du ciel, mais vivant sur la terre, et oubliant que le spirituel et le temporel se touchent par tant de côtés, voudraient refuser à la puissance ecclésiastique toute autorité, législative et directrice, dès qu'il s'agit de choses ayant quelque rapport au temporel, et jusqu'au droit de procurer l'exécution de ses ordonnances par les censures canoniques.

Et depuis quand l'Église, cette grande maîtresse de la morale comme de la foi, aurait-elle perdu le droit de tracer à « la conscience » de ses enfants des règles « sur l'usage des choses temporelles ? »

Et n'est-il pas évident, pour tout esprit attentif et réfléchi, que l'Eglise, par l'autorité incontestable d'enseignement, de décision et de direction morale dont elle est investie, a exercé une très-puissante et très-légitime action sur l'ordre et la marche des choses et des affaires humaines, même au point de vue temporel ! Et si cette action n'est pas acceptée, si la haute et divine autorité d'où elle émane est trop souvent méconnue de nos jours, l'avenir, sans parler du présent, fera connaître si ce sera pour le plus grand bien de l'humanité !

Voilà quelques exemples de ces fausses interprétations. J'en passe, et des meilleurs. On n'attend pas de moi que je fasse un volume.

IV

LA PHILOSOPHIE ET LA RAISON.

Continuons à marcher résolument contre ces fantômes, créés par les journalistes; prenons corps à corps ces interprétations si fabuleusement exagérées, et démontrons au bon sens public combien il s'est laissé égarer par des clameurs précipitées, et qu'il doit revenir de sa surprise.

On dit donc que le Pape rompt en visière avec la civilisation et que l'Encyclique est le suprême défi jeté au monde moderne par la Papauté qui s'en va; ni plus ni moins.

Et d'abord le Pape, prétend-on, condamne la philosophie, la raison humaine.

Le Pape condamne la philosophie, la raison humaine! En vérité, vous avez découvert cela dans l'Encyclique. Je vous fais mon compliment.

Pour abréger ici et parler sérieusement, rappelons simplement et remettons sous les yeux du public ému un acte mémorable de Pie IX lui-même. Jamais Souverain-Pontife peut-être ne s'est exprimé aussi explicitement sur les droits, l'origine et la valeur de la raison, et ne lui a rendu un plus illustre hommage que ce Pape, qu'on accuse aujourd'hui de proscrire la raison.

Comment a-t-on pu oublier les quatre propositions

publiées par Pie IX en 1855 ? ou, si on s'en souvient, comment peut-on donner à l'Encyclique les interprétations qu'on lui donne ?

Pie IX proclamait :

1° L'accord de la raison et de la foi, et leur commune et divine origine : « *toutes deux découlant de la même source immuable de vérité qui est Dieu.* »

2° La certitude de la raison, et la valeur des preuves rationnelles, pour la démonstration des vérités fondamentales, l'existence de Dieu, la spiritualité de l'âme, la liberté humaine : c'est-à-dire la valeur de la Théodicée, de la Psychologie, de la Morale, de la Logique et de toute la Philosophie. « *Le raisonnement peut prouver avec certitude* « *l'existence de Dieu, la spiritualité de l'âme et le libre ar-* « *bitre.* »

3° L'antériorité de la raison sur la foi : « *L'usage de la* « *raison précède la foi.* »

4° Le Pape vengeait saint Thomas, saint Bonaventure, et les grands scolastiques de la même école, qui tous ont proclamé la raison humaine « *une certaine participation* « *de la raison divine ;* » et posé comme base de la démonstration de la Religion révélée les preuves rationnelles de ce qu'ils ont appelé les *Préambules de la foi*, c'est-à-dire de toutes les grandes vérités qui constituent la Philosophie.

Voilà ce que Pie IX a déclaré !

Et vous venez nous dire que le Pape qui a fait ces déclarations, le Pape qui se rattache si hautement à la grande tradition philosophique, arrivée jusqu'à nous par saint Augustin, par saint Thomas, par Bossuet et Fénelon, grands docteurs qui n'ont jamais, que je sache, outragé la raison

humaine, vous dites que ce Pape condamne la saine raison
et la vraie philosophie! Mais vous ne le croyez pas.

Savez-vous ce que le Pape fait ici? Il fait ce que l'Église
a fait toujours : il défend tout ensemble et la raison et la
foi : la raison contre les sophistes et la foi contre les impies.

Qui ne le sait? il y a aujourd'hui des sophistes qui retour-
nent la logique, la raison contre elle-même, et posent
comme axiome fondamental la formule même de l'absurde :
l'identité du vrai et du faux, du oui et du non; le nierez-
vous?

Voilà ceux que le Pape condamne.

Il y a aujourd'hui de prétendus philosophes qui ne pro-
clament pas seulement la légitimité, mais l'omnipotence,
la souveraineté sans limites et l'indépendance absolue de
la raison ; qui ne disent pas seulement : La raison est quelque chose ; mais : La raison est tout, et la foi n'est rien.

Voilà ceux encore que le Pape condamne.

Vous dites qu'il n'a pas ce droit. Quoi! il n'a pas le droit
de nous défendre contre vos attaques et vos négations!
Il n'a pas le droit d'affirmer l'Évangile, d'affirmer le Christianisme, d'affirmer l'Église? d'affirmer la raison et le sens
commun?

Vous vous affirmez bien, vous vous posez, et avec une
assez curieuse audace, en souverains de la pensée; et le
chef de l'Église catholique n'aurait pas le droit de poser
l'affirmation chrétienne et l'affirmation philosophique de
tous les siècles, en face de la vôtre!

Non, non, nous savons distinguer entre vous et la raison : vous êtes une école, vous n'êtes pas la raison. Et vous
l'avez montré de manière à me dispenser de le prouver au-

jourd'hui, lorsque vous vous êtes également moqués et avec tant d'agrément, de la philosophie aussi bien que de la théologie, de tous les philosophes et de toute doctrine philosophique, excepté du *positivisme,* aussi bien que de tous les théologiens et de toute doctrine théologique, y compris l'existence de Dieu (1).

Ainsi Pie IX a défendu, contre vous, tout ensemble la raison et la foi, qui, selon l'expression même de ce Pape, que vous accusez, ont une même divine origine et sont deux flambeaux allumés au même foyer.

Voilà comment le Pape condamne la raison.

Voyons maintenant s'il condamne aussi le progrès et la civilisation moderne.

(1) Voir mon *Avertissement aux Pères de famille.*

V

LE PROGRÈS ET LA CIVILISATION MODERNE.

Oh! la piperie des mots! comme disait autrefois Montaigne; ô précipitation et légèreté de l'esprit français! ô logique de la passion!

C'est ici encore que je conjure le bon sens et la bonne foi des hommes sérieux et sincères d'être, un moment du moins, attentifs, pour saisir les énormités flagrantes que je vais leur signaler dans l'interprétation donnée aux actes pontificaux par les journaux irréligieux.

Vous dites que l'Encyclique pose nettement l'antagonisme entre l'Église d'une part, et le progrès et la civilisation moderne de l'autre.

Et j'ai même lu, en toutes lettres, dans des journaux piémontais, que le Pape vient de condamner d'un coup toutes les découvertes de la science et de l'industrie modernes, les chemins de fer, les télégraphes électriques, la photographie, etc., etc. Et il va probablement supprimer tout cela dans les États qui lui restent, en même temps que les bateaux, les machines à vapeur et l'éclairage au gaz.

Voilà ce qu'on a écrit à Turin; d'honnêtes gens le répètent à Paris, et les abonnés du *Siècle* le croient en province.

Laissons ces niaiseries, et parlons au public sensé, qui demande non à être étourdi, mais à être éclairé.

Quelle est donc la condamnation d'où les journalistes théologiens de France et d'Italie ont cru pouvoir déduire cette déclaration d'antagonisme?

La voici : « Le Pontife romain peut et doit se RÉCONCILIER
et TRANSIGER avec le progrès, avec le libéralisme et la civilisation moderne. »

On a conclu : donc le Pape se déclare irréconciliable avec
le progrès, le libéralisme et la civilisation moderne.

Mais si, avant de prêter gratuitement au Pape cette
énormité, vous étiez allé consulter, sur cette condamnation,
je ne dis pas un évêque, je ne dis pas un curé, mais le moindre élève de philosophie sur les bancs de nos séminaires,
il vous aurait aidé à tirer de la proposition condamnée *la
contradictoire*, et vous auriez vu qu'entre cette contradictoire et la doctrine que vous infligez au Pape, il y a un
abîme !

Quoi! vous vous imaginez qu'il condamne ce qu'il peut y
avoir de bon dans le progrès, de vraiment utile dans la civilisation moderne, de vraiment libéral et chrétien dans le
libéralisme !

Mais c'est une imagination folle, et, quand surtout il est
question de Pie IX, c'est une injustice et une ingratitude
suprême !

Avez-vous donc oublié ce que Pie IX a voulu faire et
tout ce qu'il a fait, en 1847, et dès l'avénement de son
règne? N'a-t-il pas été le plus confiant, le plus généreux
des souverains? N'a-t-il pas fait monter avec lui sur le trône
toutes les légitimes espérances de l'Italie? et n'avez-vous pas
trahi tous ses bienfaits?

Mais si vous avez oublié tout ce qu'a fait Pie IX, pouvons-
nous mettre en oubli ce que vous avez fait vous-mêmes?

Qui que vous soyez, politiques, savants, historiens,
érudits, après avoir accusé la religion d'être étrangère à
tout sur la terre, n'avez-vous pas voulu l'en exclure et

la reléguer dans la région des fables et des hypothèses ?
Faux libéraux de la France, de l'Angleterre, de l'Allemagne, de la Belgique, et vous surtout, agitateurs de l'Italie, n'avez-vous pas abusé de ces beaux mots, noble parure
de la langue des hommes, *liberté, progrès, civilisation ?* Ne
sont-ils pas devenus la consigne, le mot de passe de vos
bandes révolutionnaires, et l'éternel refrain de tous vos
discours les plus agressifs et les plus impies ? Regardez à
la date des allocutions d'où le Saint-Père a extrait vos erreurs pour les condamner de nouveau, en ayant la charité de n'y ajouter aucun nom propre, pas même celui de
Victor-Emmanuel ou de Garibaldi, et vous verrez que chacune de ses paroles, bien loin d'être une prétention inat-
tendue, n'est qu'une allusion à vos actes, un obstacle à
vos entreprises, une réponse à vos témérités. Il n'invente
pas, il cite. Il n'empiète pas, il résiste ; il ne s'impose pas,
il se défend.

Non, « le Pape ne doit pas se réconcilier et venir à com-
position avec le progrès, le libéralisme et la civilisation
moderne, tels qu'il vous plaît de les entendre. » C'est à ces
choses, au contraire, à se rapprocher de lui en s'accordant
avec la justice. « L'Église doit être pour la société moderne,
disait avec son sens si juste et si élevé le prince de Broglie, ce qu'est la foi pour la raison, non l'ennemi qui la
combat, *mais l'autorité* qui la règle. Les principes constitutifs
de la société moderne doivent trouver dans les vérités de la
religion, non la contradiction qui les condamne, mais le
complément qui les achève et le frein qui les contient. »

C'est pourquoi le Pape vient de parler.

Il était d'autant plus facile ici de faire la distinction si
simple que nous venons d'indiquer, que le Pape lui-même

l'avait faite assez clairement dans l'Acte pontifical auquel le *Syllabus* se réfère.

Cette condamnation date de 1861, elle est tirée de l'allocution *Jamdudum cernimus*. Or, M. de Montalembert, défendant à cette même époque contre M. de Cavour et expliquant sa formule : *l'Eglise libre dans l'Etat libre*, s'armait précisément des paroles mêmes du Pontife pour poser la distinction qui doit faire tomber ici toutes les clameurs :

« Le Pape vous a répondu d'avance, disait M. de Monta-
« lembert, dans cette allocution misérablement traduite dans
« le numéro du *Moniteur* qui publie votre discours: *à cer-*
« *tains hommes* qui lui demandent de se réconcilier avec le
« progrès, le libéralisme et la civilisation moderne, il ré-
« pond : A une *pareille civilisation, hujusmodi civilitatis*, à
« celle qui a pour système prémédité d'affaiblir et peut-
« être d'anéantir l'Église, comment veut-on que la Papauté,
« *mère et nourrice de toute* VRAIE CIVILISATION, tende la
« main? » Le Pape rappelle ensuite les institutions libérales
« qu'il a accordées : *liberiorem administrationem... liberio-*
« *res institutiones*, et il ajoute, dans un magnifique langage
« qu'il ne vous sera jamais donné de tenir : « Comment le
« Pontife romain, qui tire toute sa force des principes de
« l'éternelle justice, pourrait-il la trahir? etc. » Belles pa-
« roles, et qui rappellent le mot de M. Barthe au Sénat fran-
« çais : « que le Pape est le principal représentant de la force
« morale dans le monde. »

Et savez-vous qui a donné l'ordre de traduire en italien l'écrit de M. de Montalembert? Le Saint-Père lui-même.

Mais non, vous voulez imposer au Pape et à l'Eglise vos formules. Eh bien! le Pape vous demande de les définir.

Tant qu'elles ne sont pas définies, il a le droit, il a le devoir de s'en défier.

Vous nous parlez de progrès, de libéralisme et de civilisation, comme si nous étions des barbares, et ne savions pas un mot de tout cela; mais ces mots sublimes, que vous dénaturez, c'est nous qui vous les avons appris, qui vous en avons donné le vrai sens, et, mieux encore, la réalité sincère. Chacun de ces mots a eu, malgré vous, conserve encore, et conservera à jamais, un sens parfaitement chrétien; et le jour où ce sens périrait, ce jour-là périrait aussi tout progrès réel, tout libéralisme sincère, toute civilisation véritable.

Vous croyez que nous rougissons de ces mots, parce que nous refusons de les accepter de vous et de les prendre dans votre langue : non, le Christianisme s'est fait honneur de s'appeler le Progrès devant les païens et les barbares. Il s'est appelé la Liberté, quand il a aboli l'esclavage, relevé la femme, les enfants, les vieillards, les pauvres et toutes les faiblesses humaines foulés aux pieds par la tyrannie des forts pendant vingt siècles, et lutté depuis contre tous les despotismes imaginables, défendu tour à tour les peuples contre la tyrannie des princes, et les princes contre l'anarchie des peuples. Il s'est appelé, il s'appelle encore, et si Dieu n'a pas maudit l'Europe, il s'appellera jusqu'à la fin la Civilisation européenne.

Sur tout cela, quelle est la vérité irréfutable? C'est que la grande loi du progrès, de la liberté et de la civilisation, c'est l'Évangile; et c'est Notre-Seigneur lui-même qui a posé dans le monde l'idéal le plus élevé, le plus pur, le plus vaste de ces trois choses dans tous les plus nobles sens, quand il a mis à la base de toute sa doctrine ces paroles : « Soyez parfaits comme votre Père céleste est parfait. »

Avant que vous ayez refait en vous l'homme et la société à l'image divine, vous avez beaucoup à faire. Mais, à l'œuvre, ouvriers de l'avenir! l'Église, loin de vous arrêter dans cet élan, vous crie au contraire : En avant! La loi du progrès, l'Église fait bien plus que l'accepter, elle la pose et en proclame les règles, et nous avec elle.

Mais quant à ces formules périlleuses qui couvrent et laissent tout passer dans le monde, le bien et le mal, la vérité et l'erreur, la lumière et les ténèbres, le progrès et la décadence, nous n'en voulons pas.

A notre tour, nous ne voulons être les dupes ni les complices de personne; et s'il faut enfin parler clair, et s'il m'est permis d'être moins charitable que le Pape et de nommer les gens qui d'ailleurs ne se font pas faute de nous dire leur nom, n'est-il pas évident, comme je l'ai démontré dans mon *Avertissement à la jeunesse et aux pères de famille*, que pour les principaux écrivains de la *Revue des Deux Mondes* et d'autres feuilles, le progrès, le progrès suprême, c'est la négation du surnaturel, la négation de Dieu? c'est la foi en Jésus-Christ arrachée au peuple?

Le progrès! pour tel autre, c'est l'Eglise catholique changeant enfin son symbole et sacrifiant ses dogmes, un à un, aujourd'hui l'inspiration des Livres saints, demain son autorité doctrinale, après-demain la Divinité de son fondateur, à ce qu'on appelle les idées nouvelles et l'émancipation de l'intelligence humaine! Ou l'Eglise modifiera ses dogmes, ou elle périra : voilà leur progrès! Et vous nous demandez ingénuement que ce soit le nôtre!

Pour telle autre école, le progrès, c'est tout simplement le bien-être sur cette terre et *l'altruisme*, comme ils parlent, à l'exclusion des *préoccupations égoïstes du salut* éternel, qui ne font qu'avilir les âmes : le paradis, disent-ils, n'est pas derrière nous, il est devant nous.

Et voilà le progrès, avec lequel vous signifiez aux évêques et au Pape qu'ils aient à se réconcilier et à composer. Eh bien! non, notre résolution immuable et notre éternel honneur sera de ne nous réconcilier jamais, et de ne pactiser jamais avec tout cela.

Et quant à ceux qui, en nous parlant du progrès, du libéralisme et de la civilisation modernes, entendent ce qu'il y a de vraiment bon, utile, acceptable, chrétien, le Pape ne veut pas qu'on lui signifie d'avoir à se réconcilier avec ces choses : en ce sens, votre proposition est un outrage : voilà tout.

Et s'il faut vous donner de ceci un exemple qui vous soit sensible, qu'un de ces journalistes, qui est un foudre de guerre contre le Pape, vienne signifier demain au gouvernement impérial qu'il ait à se réconcilier avec la liberté ou avec la justice, croit-il que le gouvernement impérial ne condamnera pas sa proposition? Il le frappera d'un avertissement, d'une suspension, peut-être d'une suppression. La censure d'un Pape n'a pas des conséquences matérielles aussi rigoureuses ; le Pape « ne dispose même pas, comme le disait agréablement un de ces journaux, du plus petit *communiqué*, ou du moindre *avertissement*; » c'est peut-être pour cela que tant d'hommes qui mesurent leur équité à leur intérêt et à leur courage, se permettent tout contre lui !

Quoi qu'il en soit, voilà comment s'évanouit cette fantasmagorie misérable, ce puéril épouvantail d'une déclaration d'irréconciliable antagonisme faite par le Pape à la société moderne.

VI

LIBERTÉ DES CULTES

Soit, dites-vous encore : mais au moins la liberté de conscience, la liberté des cultes, nierez-vous que l'Encyclique la condamne?

Ici encore, expliquez-vous donc! Car il y a de par la France et de par le monde d'étranges manières d'entendre ces libertés.

Faut-il le redire pour la centième fois ? ce que l'Église, ce que le Pape condamnent, c'est l'indifférentisme religieux : autrement dit l'indifférence en matière de religion, cette absurdité, plus absurde peut-être encore qu'elle n'est impie, qu'on nous répète aujourd'hui de tous côtés, sur tous les tons, savoir que la Religion, Dieu, l'âme, la vérité, la vertu, l'Evangile ou l'Alcoran, Boudha ou Jésus-Christ, le vrai et le faux, le bien et le mal, tout cela est égal. Et pour justifier de telles aberrations, on a été jusqu'à dire que *c'est l'homme qui fait la vérité de ce qu'il croit et la sainteté de ce qu'il adore.*

Voilà ce qu'on voudrait que le Pape trouvât bon, et les impiétés avec lesquelles on lui demande ainsi qu'à nous de se réconcilier.

Mais non, éternellement non : Dieu, l'âme, la vertu, la vérité, la vie future, la distinction du bien et du mal, Jésus-Christ et l'Évangile, ne seront jamais pour nous choses indifférentes.

Mais, repousser cet insensé et coupable indifférentisme et les conséquences de licence absolue qui en découlent, est-ce repousser la tolérance pour les personnes et la liberté civile des cultes? On ne l'a jamais dit, et tous les théologiens disent le contraire.

En fait, jamais les Papes n'ont entendu condamner les gouvernements qui ont cru devoir, selon la nécessité des temps, écrire dans leurs constitutions cette tolérance, cette liberté. Que dis-je? le Pape lui-même la pratique à Rome. « C'est l'erreur qui est un mal, et non pas la loi qui, dans une bonne intention, tolère l'erreur. » Voilà ce que je lis dans un livre imprimé récemment à Rome sous les yeux de l'*Index*.

Et c'est ce que Pie IX voulait bien me dire lui-même l'hiver dernier : « Les juifs et les protestants, me disait-il, « sont libres et tranquilles chez moi. Les juifs ont leur « synagogue dans le *ghetto*, et les protestants leur temple « à la Porte du peuple. »

M. Sauzet a pu dire avec vérité : « Rome fut de tout temps « le refuge des juifs, et ils la nommèrent eux-mêmes leur « paradis, au moyen âge, alors que les barbaries de l'igno- « rance les persécutaient impitoyablement par toute l'Eu- « rope (1). »

Faut-il rappeler que Pie IX a donné le marbre pour la statue de Washington, et envoyé des aumônes aux protestants inondés des Pays-Bas, aux schismatiques ruinés par le

---

(1) « Ce peuple a, dans Rome même, un quartier où il peut forcer les « propriétaires des maisons à le recevoir, et cependant il a la liberté

tremblement de terre de Corinthe en même temps qu'aux catholiques irlandais?

« On sait, dit à cette occasion M. Sauzet, que le cœur de
« Pie IX n'est pas moins paternel pour ses enfants égarés
« que pour ses enfants fidèles; on peut dire avec vérité
« qu'il porte ses secours partout où il voit la misère, et
« son admiration partout où il rencontre la grandeur. «

Mais tout ceci, c'est la tradition pontificale. Est-ce que Pie VII n'a pas reçu en personne le serment prêté par Napoléon au jour de son sacre, et ce serment ne contenait-il pas l'engagement formel de respecter et de faire respecter la liberté des cultes?

Ce qui s'est passé alors est mémorable, et bien fait pour éclairer sur ce point les hommes sincères.

Cette formule de serment inquiéta d'abord le vertueux pontife. N'impliquait-elle pas l'indifférentisme et la négation de l'autorité de l'Eglise, et des droits imprescriptibles de la vérité? Voilà ce que le Pape, avec raison, voulut savoir. Le cardinal Consalvi demanda des explications. Le cardinal Fesch répondit que ces mots n'impliquaient nullement le

---

« d'en sortir pour habiter le reste de la ville. » (M. Sauzet, *Rome devant l'Europe.*)

Il y a déjà plus d'un siècle, en 1740, le président de Brosses, savant spirituel et sans gêne avec l'Eglise, écrivait à ses amis :

« La liberté de penser, en matière de religion, et quelquefois même
« de parler, est aussi grande à Rome que dans aucune ville que je con-
« naisse. Je n'ai entendu parler d'aucune aventure de gens mis à l'inqui-
« sition ou traités avec rigueur. »

Tous les voyageurs russes, anglais, protestants, schismatiques, l'ont éprouvé et l'éprouvent aujourd'hui encore, comme le président de Brosses, et parlent le même langage.

mauvais principe que redoutait le Pape, « mais la simple « tolérance civile et la garantie des individus. » Pie VII se déclara satisfait, Napoléon prêta ce serment devant le Pape, et fut sacré.

Tant il est vrai que condamner l'indifférence en matière de religion, ce n'est pas condamner la liberté politique des cultes, et que condamner les doctrines, ce n'est pas frapper les personnes.

Suit-il de là que l'Église doit proclamer l'irresponsabilité morale de l'erreur?

Non; et si elle le faisait, ce serait la philosophie elle-même, ce serait le simple et vulgaire bon sens, qui réclameraient.

La distinction du vrai et du faux, et l'obligation morale de rechercher le vrai, de s'attacher au vrai, et de s'écarter du faux, est précisément ce qui constitue l'esprit et le devoir philosophique, aussi bien que l'esprit et le devoir religieux. En ce sens, la vraie religion est et doit être exclusive, absolue, ou bien elle n'est pas une vérité.

Mais, en assurant ses droits et son rang suprême à la vérité, en la mettant, et l'élevant au-dessus de l'erreur, et en proclamant, pour tout homme, le devoir certain de la rechercher, et, après l'avoir trouvée, le devoir de s'y soumettre, les théologiens, convaincus que la liberté civile d'un culte, d'un culte dissident, n'implique pas l'adhésion aux croyances tolérées, et ne contredit point le dogme chrétien, redisent quand il le faut les célèbres paroles de Fénelon à Jacques II : « Accordez la tolérance civile, non en approuvant tout comme indifférent, mais en souffrant avec patience tout ce que Dieu souffre, et en tâchant de ramener les hommes par une douce persuasion. »

Mais il y a des gens, qui allant bien au delà de ces principes, voudraient faire de la liberté illimitée des cultes l'idéal universel, absolu et obligatoire de tout siècle, de toute nation, et voudraient imposer à tous, même au Pape et à l'Église, l'anarchie des intelligences et la multiplication des sectes, comme le meilleur état de société, comme le véritable optimisme religieux et social.

Eh bien, non! Le Pape ne croit pas qu'un tel idéal soit le meilleur. Il y a pour lui et pour l'Église un autre idéal, et il ne faut jamais leur demander de transformer en vérités absolues des nécessités relatives ; d'ériger des faits regrettables, des divisions malheureuses, mais tolérées, en principes dogmatiques.

Non, l'idéal du Pape et de l'Église, ce n'est pas l'anarchie, c'est l'harmonie des intelligences ; ce n'est pas la division, c'est l'unité des âmes. L'idéal de l'Église et du Pape, c'est l'admirable parole de Jésus-Christ : « Qu'ils soient un ! « Unum sint ! Un seul troupeau ! un seul Pasteur. Unum « ovile ! unus pastor. » L'unité des esprits par la vérité, et l'unité des cœurs par l'amour, voilà l'idéal du Pape et de l'Église.

Et j'ose ajouter, à l'honneur de beaucoup de mes contemporains, que ces aspirations de l'Église sont partagées, même chez nos frères séparés, par les plus nobles esprits et par les plus grandes et meilleures âmes! On est las de la division; on n'en voit sortir que la stérilité et la guerre! On est las de cette anarchie, qui est le plus actif dissolvant de toute foi, de toute croyance religieuse, et aussi la cause de notre faiblesse et de notre impuissance, pour ramener à la vérité, à la vertu, à la civilisation chrétienne, tant de nations encore idolâtres.

Ah! si cet indifférentisme religieux était proclamé en principe, toute flamme de charité et de zèle s'éteindrait glacée dans les cœurs; vous n'auriez pas un seul missionnaire, plus un seul apôtre sur la terre! Ne le sentez-vous pas? Mais aussi quelle ne serait pas notre puissance, si nous étions tous d'accord pour prêcher à ceux qui l'ignorent la vérité évangélique! La moitié du genre humain reste ensevelie dans les ténèbres, parce que nous lui apportons un Évangile combattu, un Évangile divisé, déchiré en morceaux! Ah! si l'Angleterre, la France et la Russie étaient d'accord dans la vérité, et par suite dans la charité et dans le zèle de l'apostolat, l'Orient, le monde entier changeraient de face. L'unité religieuse! vous dites que c'est le passé, et moi je vous réponds avec toutes les forces de mon âme que c'est l'avenir, parce que c'est le salut et l'honneur du monde!

Voilà ce que je crois fermement, voilà ce que j'espère invinciblement; et certes je ne m'étonne pas que le représentant incontestable de cette unité du passé et de cette unité de l'avenir continue à souhaiter, à demander à Dieu, au milieu des agitations du monde présent, qu'il n'y ait qu'une foi, un pasteur, un troupeau: *una fides, unum ovile, unus pastor.*

Il y a une parole que j'ai redite souvent à nos frères séparés, et à laquelle ils ne m'ont jamais répondu: Jésus-Christ est-il venu établir la division? Non: donc la division ne vient pas de lui; et j'ajoute aujourd'hui: Donc le Pape, qui est son vicaire, ne peut trouver que la division soit ce qu'il y a de meilleur; donc il ne peut ériger en principe ce qui certes n'est pas le meilleur. Ce qui est le meilleur, ce qu'il désire, et s'il ne le désirait pas, vous seriez avec

raison sans estime pour lui, c'est que les juifs et les infidè-
les se fassent chrétiens, c'est que les protestants se fassent
catholiques. Et si le vœu d'un évêque peut être exprimé,
après le sentiment du Pape, je dirai que tous nous formons
pour vous le vœu que formait autrefois saint Paul, lorsqu'il
disait : « Je souhaite que vous soyez tous par la foi en
« Jésus-Christ ce que je suis : *opto vos tales esse qualis ego*
« *sum.* »

Mais cela veut-il dire que notre foi, nous voulons vous
l'imposer par la violence et vous forcer à croire? Pas le
moins du monde.

Je réponds d'abord que c'est impossible. « La force peut-
« elle persuader les hommes? peut-elle leur faire vouloir ce
« qu'ils ne veulent pas?»

« Non, dit Fénelon. Nulle puissance humaine ne peut
« forcer le retranchement impénétrable de la liberté du
« cœur.» (Disc. pour le sacre de l'Électeur de Cologne.)

Aussi telle ne fut pas la doctrine de nos maîtres dans le
Christianisme, de ceux qui ont l'immortelle gloire d'avoir
fondé et propagé la foi dans le monde.

Le mahométisme a pu s'établir par le fer; le Christianisme s'est établi par la parole.

Dans mon livre *de la Souveraineté pontificale*, auquel
Pie IX a daigné décerner des éloges tels qu'il ne me convient point de les redire, j'ai rappelé la tradition catholique
sur ce point, j'ai cité les paroles des plus grands docteurs,
des plus grands pontifes.

. . . . « Ce n'est pas, dit saint Athanase, avec le glaive,
« ce n'est pas avec l'aide des soldats et des javelots qu'on
« prêche la vérité, mais par la persuation et le conseil. Le

« propre de la religion n'est pas de contraindre, mais de
« persuader (1). »

Et Tertullien, ce dur génie : « Ce n'est pas suivre la
« religion, écrivait-il, que d'imposer la religion; on l'ac-
« cepte librement, on ne la subit pas par violence; c'est à la
« volonté, c'est au cœur que les victimes sont deman-
« dées (2). »

Et saint Augustin, le grand converti, parlant aux héré-
tiques de son temps : « Qu'ils sévissent contre vous, disait-
« il, ceux qui ne savent pas avec quel labeur on trouve la
« vérité : pour moi qui n'ai pu, qu'après avoir été long-
« temps et cruellement ballotté par l'erreur, contempler
« enfin la vraie lumière, il ne m'est pas possible de sévir
« contre vous (3). »

Saint Hilaire de Poitiers, en son nom et au nom de ses
collègues dans l'épiscopat, écrivait : « Si l'on voulait em-
« ployer la violence pour servir la vraie foi, la doctrine des
« évêques s'y opposerait et tous diraient avec raison : Dieu
« ne veut pas d'une confession forcée. C'est avec simplicité
« qu'il faut chercher Dieu; c'est par la droiture de la vo-
« lonté qu'il faut s'attacher à lui (4). »

---

(1) Non enim gladiis aut telis, non militum manu, veritas prædicatur,
sed suasione et consilio; religionis proprium est non cogere, sed persua-
dere. (S. Ath., ad solitarios.)

(2) Non religionis est cogere religionem, quæ sponte suscipi debet,
non vi, cum et hostiæ ab animo volenti expostulentur. (Tert. cité par
Duvoisin, *Essai sur la tolérance.*)

(3) Illi in vos sæviant qui nesciunt cum quo labore verum inveniatur...
Ego autem, qui diu multumque jactatus tandem respicere potui, sævire
in vos omnino non possum. (S. Aug., Contra Manich.)

(4) Si ad fidem veram istius modi vis adhiberetur, episcopalis doctrina

Cela veut-il dire que l'Église, à qui on dénie tout aujour-d'hui, n'a pas, comme toute société, son droit de défense, sa discipline canonique, son autorité corrective?

Que l'Eglise doit être ici bas comme si elle n'avait affaire qu'à des anges?

Que l'Église doit demeurer absolument sans force pour se défendre elle-même et ses enfants contre les attaques de l'impiété?

Cela veut-il dire que l'autorité spirituelle n'aura pas même les droits de l'autorité paternelle, dont elle a les devoirs, et qu'elle devra laisser corrompre impunément les esprits et les cœurs, la foi et la morale de ses enfants?

Qu'elle n'aura pas ce que le plus humble des pères de famille a essentiellement, le droit, le devoir et les moyens de protéger ceux qu'il aime, contre les ennemis de la famille et contre eux-mêmes, et de les empêcher de faire des folies, de s'égarer, de se perdre?

Cela veut-il dire que s'il y a eu dans le cours des siècles, ou que s'il y a encore quelques régions du monde, où la loi de l'Église est devenue, par suite de l'unité de foi et de l'accord des volontés entre les citoyens, la loi civile même, et où l'État s'est fait l'évêque extérieur et le protecteur des saints canons, cela veut-il dire que là l'Église et l'État ont agi sans droit? Car voilà tout le sens de cette proposition 77e : *Ætate hâc nostrâ non amplius expedit,* etc., si étrangement traduite par vous !

Est-ce que tel n'a pas été l'état de grands pays de l'Europe

---

obviam pergeret, diceretque : Deus non requirit coactam confessionem. Simplicitate quærendus est, voluntatis probitate retinendus. (S. Hil., ad Const., liv. I, c. vi.)

pendant des siècles, qui ont eu leur gloire et que nous ne sommes pas sûrs d'égaler? Les fruits de la division sont-ils si doux? Est-ce que l'unité de religion dans un pays n'est pas un bien tel qu'on ne puisse faire légitimement des efforts pour le conserver?

L'état social où la loi religieuse avait pénétré dans la loi civile fut longtemps l'état normal et général de l'Europe; il subsiste encore à un certain degré dans les plus grands et les plus libres pays du monde. Est-ce que l'Angleterre n'a pas sa loi des dimanches, avec la sanction pénale renouvelée tout récemment par un vote du Parlement? Est-ce qu'elle n'a pas ses grands jours de jeûnes et de prières publiques? Est-ce que les États-Unis ne présentent pas le même spectacle? Le président Lincoln, dans tout le cours de la guerre qui désole l'Amérique, n'a-t-il pas sans cesse ordonné des prières?

En Australie, n'avons-nous pas vu, il y a quelques années à peine, le Parlement, d'accord avec le gouvernement, faire des lois contre l'émigration des Chinois, dont les superstitions et les mœurs détestables venaient dépraver le pays?

Est-ce qu'en France même la loi professe l'indifférence religieuse que vous voudriez imposer au Pape? Vous dites que votre loi est athée, c'est faux; nous sommes meilleurs que vous ne le dites, et la loi ne veut pas de votre athéisme. Vous êtes juré..., que cela vous plaise ou non, vous ferez serment devant Dieu, et même devant le Christ, ou vous payerez 500 fr. d'amende.

Vous n'avez pas la foi chrétienne, dites-vous; n'importe, le dimanche, les tribunaux vaqueront, malgré vos dires, et on ne fera pas un protêt ce jour-là; et toute l'Europe continuera à faire ses traités au nom de la sainte Trinité.

Non, non, nous n'avons pas besoin de cesser d'être chrétiens pour être de bons citoyens; nous n'avons rien de sérieux à désavouer dans le passé, rien à craindre dans l'avenir : nous serons de notre temps, mais nous ne désavouerons pas les grands siècles chrétiens. Quoi! vous voulez que le Pape désavoue la Chrétienté, cette admirable suite d'efforts mêlés d'énergie et de sagesse, de courage et de douceur, qui a élevé par le concert des Papes et des évêques, des rois et des peuples, le plus beau monument social connu parmi les hommes, c'est-à-dire l'Europe chrétienne? Quoi! vous voulez que, dans l'avenir, si une monarchie asiatique ou une république américaine vient convier un Pape à faire entrer le Christianisme dans sa législation et dans ses mœurs, le Pape se condamne à répondre : « J'en suis bien fâché, mais hier, pour satisfaire un certain nombre d'Italiens et de Français, j'ai pris des engagements qui me lient les mains; j'ai formulé ou laissé formuler en mon nom des principes qui m'interdisent de m'associer à votre œuvre. J'ai même déclaré qu'il était *nécessaire* que le Christianisme n'entrât plus dans la Constitution d'aucun pays chrétiens! Civilisez, moralisez, christianisez vos peuples comme vous pourrez, cela ne me regarde plus! »

Mais cela veut-il dire que, les circonstances ayant changé, le droit public venant à changer aussi, les catholiques manqueraient à l'Église et à Dieu en acceptant sincèrement, sans arrière-pensée, la constitution de leur pays et la liberté civile des cultes qu'elle autorise? ou bien que si nous parlons de la liberté, quand nous sommes faibles, c'est pour la refuser aux autres quand nous serons forts?

De toutes les accusations qu'on a coutume de lancer contre nous, celle-là m'a toujours paru, je l'avoue, la plus insupportable, parce qu'elle atteint notre loyauté même, et notre honneur.

Quoi donc! nous qui défendons l'inviolabilité des serments, on ne pourra pas se fier à notre parole et à nos engagements! et parmi les condamnations annexées à l'Encyclique, la soixante-quatrième venge la sainteté du serment des prétextes mensongers du salut public; et cette condamnation vient encore prêter une nouvelle force, s'il est besoin, aux paroles données par les catholiques. Fussions-nous cent fois les plus forts, nous serons fidèles à nos promesses, toujours nous tiendrons nos serments (1)!

En dehors même des engagements pris, *la possession*

---

(1) Et pour que nos adversaires cessent enfin d'élever des doutes injurieux sur les sentiments des catholiques à cet endroit, je les prierai de vouloir bien lire ces paroles imprimées sous les yeux même du Pape, par une Revue romaine la *Civilta cattolica*.

Dans un écrit intitulé : *Catéchisme de la liberté*, la *Civilta* se fait poser, par un adversaire incrédule, l'objection suivante :

« Si vous acceptez les lois de tolérance envers le mal par pure rési-
« gnation, vous et votre parti serez prêts à les abroger dès que les ca-
« tholiques parviendront au pouvoir; c'est pourquoi *i Libertini* vous font
« la guerre. »

Et le journal romain répond :

« Je les plains; car ils ne connaissent pas la loyauté des catholiques.
« S'ils savaient combien ces derniers se croient obligés par les conven-
« tions, ils comprendraient qu'une fois la tolérance accordée et convenue,
« jamais les catholiques ne seront les premiers à en rompre l'engagement...
« Tant que leurs concitoyens ne détruiront pas le pacte les premiers, la

suffit pour que la liberté des cultes doive être respectée. C'est ce que je lis dans un livre imprimé récemment à Rome et assez connu.

Et c'est après tout cela que vous venez nous parler de la Saint-Barthélemy et encore de l'inquisition espagnole, dont les Papes se sont eux-mêmes plaint tant de fois!

Pour ma part je ne connais guère de plus grands docteurs d'intolérance, de plus curieux distributeurs d'anathèmes que ces messieurs : ils nous accusent d'imposer aux consciences notre *Credo*, mais remarquez-vous de quel ton impérieux ils entendent nous imposer le leur? Qui donc est ici l'inquisiteur, et qui veut-on mener au bûcher?

Les inquisiteurs, ce sont ces précepteurs du monde moderne, si divisés entre eux, mais d'acccord sur ce seul point, qu'il faut accuser, calomnier, condamner toujours les catholiques. Je souris, quand j'entends dire que l'erreur est persécutée ici-bas. Je la vois triomphante, tandis que la vérité souffre partout violence. Le Pape se borne à des avertissements, et il ne s'adresse qu'à ses fidèles. Ces

« loyauté catholique persistera, par cette raison qu'il ne faut pas faire « le mal pour qu'il en résulte le bien. »

L'adversaire répond :

« Ah ! certes, s'il en est ainsi, les dissidents ne sont pas fondés à sus- « pecter les catholiques et à en discréditer la loyauté. »

Et la *Civilta* :

« Et bien moins encore à partir de là, pour persécuter au jour du triom- « phe le catholique opprimé, sous prétexte que celui-ci fera de même au « jour de la revanche (*). »

(*) *Civilta cattolica*, anno X, série IV, vol. IV, p. 434, 435.

messieurs fulminent des anathèmes et ils prétendent faire la loi à tout le genre humain.

Au nom de leur *Credo* mal défini, ils décrètent, en Italie, la révolution; en France, en Belgique, en Autriche et ailleurs, l'exclusion, l'oppression. Ou chrétien, ou citoyen, ils exigent que l'on choisisse entre ces deux premiers biens de l'homme, au lieu de les embrasser tous les deux. Ils prétendent nous arracher à nos serments ou à nos croyances, et ils ont inventé ce nouveau moyen de torturer la conscience des honnêtes gens.

Ah! l'Église est toujours la vraie mère qui ne veut pas que l'on coupe en deux ses enfants. Inflexible sur les principes, indulgente envers les hommes, elle permet, que dis-je? elle recommande à chaque homme de demeurer loyalement soumis à ses obligations de citoyen et aux légitimes constitutions de son pays.

VII

LA LIBERTÉ POLITIQUE.

Mais, me dit-on encore, le Pape empiète sur un domaine qui lui est interdit ; il sort de son spirituel ; il fait de la politique. Et moi je vous réponds : Politiques à bien courtes vues sont ceux qui ne savent pas que la politique, dans ses fondements et dans ses sommets, confine à la morale, et que c'est le droit, la mission et l'honneur du Pape d'éclairer les consciences, de proclamer le devoir à la face des peuples et des souverains, d'élever la voix dans le monde pour la vérité et pour la justice !

Il fait de la politique : mais est-ce pour ébranler les sociétés ou pour les affermir sur leurs bases ?

Il condamne la violence brutale du fait et l'iniquité triomphante. Il défend l'inviolabilité du droit et de la justice ; l'inviolabilité du serment. Il maintient le respect du pouvoir ; et ces principes tutélaires en dehors desquels il n'y a point de paix et de sécurité pour aucun pays.

Il condamne le droit à l'émeute, la souveraineté du but, et ces doctrines insensées qui sont vos périls, à vous, sociétés modernes, et qui font qu'un peuple n'est jamais sûr du lendemain.

A qui ferez-vous donc croire, parce que le Pape condamne la violence brutale du nombre, et ne veut pas qu'on réduise tout le droit à un pur fait de majorité quelconque, qu'il condamne les constitutions fondées sur le suffrage universel ? Non. Le Pape, de sa voix souveraine, proclame et revêt de l'autorité la plus haute, la grande vérité sociale et morale, que des sophistes comme J.-J. Rousseau ont pu méconnaître, mais que les sages de tous les temps ont saluée : le nombre seul ne fait pas le droit.

Est-ce que les plus effroyables tyrannies n'ont pas été exercées souvent sur la terre au nom des majorités ? Et s'il y a le despotisme des souverains, n'y a-t-il pas aussi le despotisme plus tyrannique et plus cruel quelquefois des assemblées ?

Est-ce qu'on ne peut pas fausser des comices comme tout le reste, et ne s'est-il jamais vu dans le monde de tristes comédies jouées au nom du suffrage universel ?

Mais y a-t-il réellement, je vous le demande, une forme quelconque de gouvernement que l'Eglise repousse ?

Non, l'Eglise est catholique, c'est-à-dire de tous les temps et de tous les lieux. Et elle ne demande qu'une chose : remplir sa mission, et vivre en paix avec tous les gouvernements du monde. C'est pourquoi, méconnaissant sa pensée sur ce point comme sur tant d'autres, on nous fait ici des reproches si contradictoires, et tour à tour on nous accuse tantôt d'être incompatibles avec les gouvernements, et tantôt d'être complices de tous les pouvoirs.

La vérité est que l'Eglise n'est inféodée, par sa nature, à aucune forme de gouvernement, et les accepte tous, pourvu qu'ils soient justes ; ce qui ne veut pas dire assurément qu'elle voit avec indifférence les peuples bien ou mal gouvernés, et qu'elle interdit à ses enfants le patriotisme.

Mais tous les gouvernements ont des formes changeantes : et l'Eglise ne s'inféode à aucun, parce qu'elle est éternelle et universelle.

Tous les gouvernements sont relatifs et imparfaits. Il

y a longtemps que l'on dispute parmi les hommes sur
la meilleure forme de gouvernement, et vous pouvez relire
dans Hérodote déjà de curieuses discussions sur les avantages et les inconvénients respectifs des démocraties, des
oligarchies ou des monarchies. L'Eglise habite une région
supérieure à ces discussions : républiques, monarchies,
empires, elle n'entre pas dans ces questions; toutes ces
diverses formes politiques sont laissées au libre choix
de ses enfants; j'ose dire qu'il n'y a pas à cet égard d'esprit plus libéral que le sien.

Et c'est ce qui rend si admirable cette unité supérieure
des âmes qu'elle a su créer dans la plus entière liberté,
par-dessus toutes les divisions et toutes les disputes humaines, l'unité toute morale des croyances. Soyez de
toutes les formes politiques que vous voudrez, de tous les
pays et de tous les régimes sociaux que vous voudrez, l'u-
nité catholique vous reste ouverte. Il y a depuis dix-huit
siècles, le spectacle de cette grande unité dans le monde.
C'est divin. Mais que cette large tolérance de l'Eglise l'obli-
ge à consacrer les abus, à interdire les progrès véritables
et les améliorations nécessaires dans ces choses éminem-
ment perfectibles, c'est une puérilité de le penser.

Comment donc, avec un esprit aussi libéral, une constitution aussi large, l'Eglise serait-elle l'ennemie de la liberté politique?

Parlez-vous de liberté illimitée? Mais où et quand avez-
vous rencontré dans l'histoire cette chimère?

Où en êtes-vous vous-mêmes en fait de liberté? Souffrez
que je vous le demande.

Pour moi, j'ai horreur des révolutions violentes, et l'étude
que j'en ai faite a saisi mon âme jusque dans ses profon-

deurs. Et toutefois, je le dis hautement, je suis de ceux qui
ont confiance dans les libertés civiles et politiques, et de
ceux qui en espèrent le progrès pacifique dans mon pays.
Je suis de ceux qui tentent loyalement cette expérience la-
borieuse, péril et gloire du xixe siècle. Mais soyons modes-
tes ! Est-ce que cette expérience est terminée ? Est-ce qu'elle
a réussi ? Je compte dans ma vie dix révolutions, et dans
mon diocèse au moins six partis opposés. On lit tous les
jours dans les journaux que la moindre liberté est un péril. Le plus fort des gouvernements, sur le territoire le plus
unitaire, ne laisse pas s'assembler vingt citoyens, ni se
concerter trois évêques, ni se fonder sans difficultés une
école de petits enfants, ni passer entre les lèvres d'un prêtre la bulle d'un Pape. Nous en sommes là, soixante-seize
ans après 89, et les fameux principes de cette année-là sont
toujours, sous bien des rapports, à l'état d'idéal encensé,
mais inappliqué.

Vous-mêmes, avocats bruyants de la liberté, dans quels
étranges oublis de la liberté tombez-vous sans cesse, en ce
qui nous regarde ? Si quelques citoyens s'assemblent pour
s'occuper d'opérations électorales, et tombent sous le coup
de la loi qui interdit les réunions de plus de vingt personnes, nous catholiques, nous gémissons de cette défaillance
de la liberté. Vous, si on nous frappe, si on nous prescrit
le silence, si on nous condamne en conseil d'État, les bles-
sures de la liberté en nos personnes ne vous touchent guère,
et on surprend quelquefois vos applaudissements. Je pourrais vous dire ici en détail toutes les mesures peu libérales
que vous avez demandées ou approuvées contre nous. Voilà
où vous en êtes vous-mêmes, en fait de libéralisme.

Puis, vous vous étonnez que le Pape, attaqué, bafoué,

menacé chaque jour au nom de la liberté, se retourne contre ce mot à double entente. Et saint Pierre, son immortel prédécesseur, ne stigmatisait-il pas déjà cette fausse liberté, qu'il appelait *velamen malitiæ!* Vous vous étonnez que, voyant remuer la terre sous vos expériences, il se défie encore, et vous vous écriez : « Non, ses principes sont incompatibles avec les nôtres, ils sont inapplicables... » Est-ce que les vôtres sont appliqués? Est-ce que vous proclamez autre chose qu'un idéal dans les nuages? Est-ce que vous n'êtes pas forcés, fiers philosophes, d'accepter la distinction qui vous choque si fort chez les théologiens, la distinction entre la thèse et l'hypothèse, la théorie et l'application!

Et aux chrétiens et à tous les hommes sages et non prévenus, je dirai :

Rappelez-vous que Celui qui parle est le vicaire de Dieu sur la terre, respectez même ce qui vous embarrasse, consultez les évêques et non les journaux, et, vous soumettant de cœur et avec respect à ce que dit le Saint-Père, rappelez-vous avec reconnaissance ce qu'il ne dit pas.

Il ne dit pas qu'il a, lui aussi, essayé, le premier, de donner la liberté au peuple qu'il gouverne.

Il ne dit pas qu'il a béni les efforts de ses enfants, qui se sont servis de la tribune et de la presse pour obtenir la liberté religieuse et entraîner la France à la défense du Saint-Siége. (Brefs de Pie IX à MM. de Falloux et de Montalembert.)

Il ne dit pas qu'il a béni O'Connell, béni le père de Ravignan et le père Lacordaire, qui ont fait rentrer les ordres religieux en France, en invoquant les droits de la liberté et du citoyen, qu'il a béni l'Irlande, consolé la Pologne.

Il ne dit pas qu'il a ressuscité l'Église d'Angleterre et l'Église de Hollande, et fondé plus de vingt diocèses aux

Etats-Unis et dans les missions lointaines, établissant la hiérarchie catholique au sein et sous la protection des libertés publiques.

Il ne dit pas qu'il a toujours considéré parmi ses meilleurs serviteurs les écrivains, les députés, les orateurs de la France, de la Belgique, de l'Espagne, de l'Italie, de l'Allemagne, qui ont loyalement tenu les serments loyalement prêtés aux constitutions de leurs pays : Félix de Mérode, Charles de Montalembert, Alfred de Falloux, François de Corcelle, de Carné, Ozanam, Ch. Lenormant, de Vatimesnil, Cauchy, de Champagny, Donoso Cortès, Daniel O'Connell, de Theux, Albert de Broglie, Dechamps, P. Sauzet, de Riancey, Alfred Nettement, Poujoulat, Augustin Cochin, Anatole Lemercier, Armand de Melun, Keller, Foisset, Charles et Mercier de Lacombe, Kolb-Bernard, et tant d'autres, sans parler d'un Berryer, invincible jusqu'à la fin, d'un Brignole défendant sans relâche l'Église au parlement piémontais, ou d'un Talbot, ou d'un Norfolk, sans parler encore de ce courageux ministre assassiné à ses pieds, Rossi !

Il ne dit pas que, toujours généreux, et toujours indulgent autant qu'inflexible, il aime du cœur le plus tendre l'Italie, et ne souffre pas qu'on lui parle de se réconcilier avec elle parce qu'il sait bien qu'il n'a jamais cessé de l'aimer.

C'en est assez ! Puisque vous n'avez pas, chrétiens, la libre parole de vos évêques pour vous aider à comprendre la parole pontificale, je vous adjure au moins d'interpréter le langage du Saint-Siége, comme il convient, par la conduite même de Pie IX.

En acceptant ses paroles, imitez ses actes et dissipez ainsi les vains fantômes que des exagérations calculées voudraient rassembler et agiter autour de vos âmes.

CONCLUSION

CONCLUSION.

Sursum corda.

Je ne terminerai pas sans répondre à la hâte à d'autres illusions que celles des diplomates et des journalistes.

J'entends chaque jour des adversaires s'écrier : Quand le pouvoir temporel sera tombé, le Catholicisme n'en aura pas pour longtemps.

Et il est des catholiques qui s'écrient au contraire : C'est une crise terrible, mais heureuse, et ils se félicitent, disant que Dieu saura tirer le bien du mal.

Il faut convenir que les apparences favorisent la criminelle illusion des premiers.

Deux guerres sont en ce moment déclarées à l'Eglise catholique, et elles ont leur quartier général, l'une en Italie, l'autre en France.

L'une, principalement politique, a pour but d'enlever au chef visible de l'Eglise son piédestal terrestre et son indépendance.

L'autre, toute doctrinale, a la prétention d'enlever au

Chef invisible, au Divin Fondateur de l'Eglise, sa Divinité,
et jusqu'à sa réalité historique.

Ces deux guerres ont à leur service la plus redoutable
des armes contemporaines, la presse.

En France, dans les villages que j'évangélise, l'Eglise a
les femmes et les vieillards, l'école a les enfants qu'elle
conduit aussi à l'Église ; le journal et le cabaret possèdent
les hommes et les jeunes gens. On vient à l'église une
heure ou deux une fois par semaine. On va à l'école et par
l'école à l'église, de huit à onze ans. Tout le reste de la
vie est dévoré par les nécessités matérielles, et le pauvre
petit quart-d'heure, le pauvre petit degré d'attention que
l'homme peut réserver chaque jour aux intérêts généraux,
est absorbé par un journaliste, qui écrit de la capitale,
centre des lumières, et qui répète à son lecteur, sur tous les
tons : « Le Pape est un tyran, le prêtre est un fourbe, Jésus
« est une légende. »

Et telle est la législation et la direction de la presse dans
notre pays, que l'attaque contre la religion est permise à
dix ou quinze journaux et revues des plus répandus, anciens ou nouvellement autorisés (1), qui ne citent jamais ce
que les catholiques font de bien, et n'oublient jamais ce
que quelques-uns d'entre eux font de mal ou d'imprudent,
tandis que la défense de la religion reste abandonnée à
deux ou trois journaux rendus suspects, et sans qu'aucun
défenseur nouveau ait pu parvenir à se faire autoriser.

Il semble que plusieurs veuillent faire de la religion
comme un rempart exposé aux coups pour préserver la

(1) J'indique ici, telle qu'elle se présente à ma mémoire et sauf quelques erreurs involontaires, la nomenclature des principaux journaux fran-

politique. Il semble qu'il ait paru prudent de déchaîner les attaques contre le seul maître que l'on ne peut détrôner. C'est une grande et périlleuse aberration.

On parle beaucoup de réformes dans les écoles, on exagère l'influence de la chaire, on croit à l'action du gouvernement sur les esprits. Quel ascendant est comparable à celui que j'indique? Faites donc sonner l'*Angelus* dans un village, où le cabaret lit le *Siècle* et l'*Opinion nationale*,

çais, sans parler des journaux anglais, italiens, allemands, presque tous si hostiles à l'Église :

1° *Journaux antérieurs à l'Empire :*

CONTRE L'ÉGLISE : Débats, Siècle, Presse, Patrie, Constitutionnel, Revue des Deux-Mondes.

POUR : Union, Gazette, Univers, Journal des Villes et Campagnes, Correspondant.

2° *Journaux autorisés depuis l'Empire :*

CONTRE : Opinion nationale, Temps, Nation, Globe, Esprit public, Avenir national, Revues de Paris, Germanique, Française, Nationale.

POUR : La France!

3° *Journaux frappés depuis l'Empire, à cause des discussions religieuses :*

CONTRE : Aucun.

POUR : Tous.

Notamment, la Gazette de Lyon a été supprimée, l'Ami de la Religion a été transformé au moment où paraissait la France ; l'Univers a perdu son nom et son chef; l'Union de l'Ouest et le Journal de Rennes ont été suspendus ; le Journal des Villes et Campagnes, qui paraît quatre fois par semaine, n'obtient pas de paraître sept fois, au moment même où l'Avenir national est autorisé.

Je suis sûr que ces détails cruels sont ignorés de l'Empereur !

la *Vie de Jésus*, et vous verrez combien de lecteurs se rendent au son de la cloche solitaire!

Ce n'est pas tout.

Nous n'avons pas seulement contre nous la presse, nous avons contre nous la loi.

Nous souffrons, comme tous les citoyens, et plus qu'eux, puisque notre rôle est de réunir les hommes, de propager les doctrines, et de fonder des institutions; nous souffrons de toutes les entraves mises à la liberté de réunion, d'enseignement, de publication, de transmission, d'association.

Mais de plus, aucun des anneaux des anciennes chaînes forgées contre nous par l'intolérance des rois et celle des peuples, n'a été usé par le temps ou brisé par la justice. On appelle comme d'abus contre nous, comme au temps des tracasseries gallicanes; on suspecte nos habits, comme au temps de la proscription, nos maisons, comme au temps de la confiscation.

L'alliance de l'injustice et du préjugé se relâche et semble se dissoudre, quand de grandes calamités forcent à tendre les bras vers nous. Elle se reforme, se fortifie et se venge, quand le vent de l'impiété se lève et quand tourne la roue de la fortune!

Nous avons contre nous la presse et la loi, nous avons contre nous aussi les mœurs.

La mode est au plaisir, la mode est à l'argent, et je ne en constatant que dans ce moment, je ne dis que la vérité, veux pas en chercher la cause, les mœurs baissent et la vertu souffre.

Or, dès que le vice triomphe, la foi est attaquée, cela est d'expérience. Il y a comme un secret courroux du mal contre le bien qui s'exhale alors ouvertement, et au fond des mouvements désordonnés de l'homme on sent toujours qu'il est un esprit, car on retrouve la logique. Avares! vous accusez la religion, parce qu'elle vous accuse. Libertins! vous condamnez la foi, parce qu'elle vous condamne! Je ne m'y trompe pas. Lorsque je m'arrête à regarder la boutique d'un libraire, si je vois s'étaler le scandale éhonté, je suis sûr de trouver à côté l'incrédulité haineuse. C'est le crime qui maudit la justice, c'est l'immoralité qui, pour mieux se satisfaire, cherche à déshonorer la morale.

Les mauvaises mœurs ne vont jamais sans les mauvaises maximes, les travers de la conduite sans les erreurs de la raison. Et l'erreur (on ne se méprendra pas sur mes paroles) est plus dangereuse que le péché. Le péché appelle le repentir, l'erreur l'exclut. Celui qui tombe et sait qu'il tombe peut se relever ; malheur à celui qui embellit les chutes et les justifie en s'écriant : S'enrichir et s'amuser, n'est-ce pas la vie ?

Les richesses et les jouissances, cherchées et servies, ce sont les deux degrés d'un abîme, où, je le dis à regret, une partie de la société française, européenne même, a mis depuis quelques années les deux pieds. Comment s'étonner qu'elle n'aime plus Jésus-Christ, puisqu'il était humble, puisqu'il était pauvre, puisqu'il était chaste ?

J'ajouterai que nous avons contre nous la faiblesse de notre situation. A peine l'Église de France se relevait de l'échafaud et de la proscription, que les orages se sont déchaînés contre elle. Un clergé pauvre, humilié, dispersé, recruté péniblement, se voit en butte à des forces ennemies que tout contribue à accroître. Pour nous, pas de justice, pas de pitié, si nous venons à trébucher sur ce sentier ter-

rible où il nous faut marcher pendant la tempête et comme
sous les avalanches.

Eh bien! malgré les redoutables agressions de la presse,
malgré les déplorables entraves de la loi, malgré la
croissante dépravation des mœurs, malgré nos imperfections et notre faiblesse, j'ose affirmer que le christianisme
n'est pas en péril.

Soldat engagé dans ces deux effroyables guerres déclarées, l'une à l'Église, ma mère, l'autre à Jésus-Christ, mon
Dieu, j'ose dire que ni l'une ni l'autre ne prévaudra contre
nous, et la seconde surtout prépare des dédommagements
à la première.

Il se peut, hélas! que le pouvoir temporel dix fois séculaire de la Papauté succombe un moment. Quel pouvoir
humain aurait si longtemps résisté à de si formidables
attaques! Que se passera-t-il alors? On croit que tout sera
fini : tout commencera.

L'embarras sera pour les puissances de la terre. Le Chef
des chrétiens, moins embarrassé que les témoins indiffé-
rents ou triomphants de sa chute, prouvera au monde une
fois de plus que l'Église s'accommode de tous les régimes,
même de la persécution.

Mais pendant ce temps, autour de Jésus directement
attaqué, se réveillent la science, le zèle, la conscience.
Pour arriver jusqu'à son cœur divin, il faut ravager les
terres des philosophes spiritualistes, nier Dieu, l'âme,
nier la Providence, nier la distinction du bien et du mal,
éteindre les derniers rayons de la lumière, et refaire la
nuit. Les vrais philosophes nous reviennent. On est tout
étonné que ce grand nom de Jésus tienne si fort aux entrailles de l'histoire et de l'humanité.

Les voyageurs, apportant tous les jours de noûveaux récits sur l'état où les deux tiers de l'humanité gémissent et languissent loin du Christ, accumulent comme un nouveau trésor de preuves et de comparaisons sans réplique.

Les politiques aussi nous reviennent, et ceux qui, après une longue vie d'expérience, jettent un regard sincère sur les flots montants de la démocratie, sentent bien que l'avenir va voir un mouvement, formidable, s'il n'est pas chrétien; et nous voyons tous les vieillards illustres qui composent le sénat de l'esprit humain, recommander, avant de mourir, à ce Jésus crucifié, non-seulement leur âme, mais leur patrie et leurs enfants.

Et les artistes aussi je vois ceux qui conservent l'amour délicat et sublime d'un idéal de pureté, je les vois nous revenir tout meurtris et demander à la pierre de nos temples un coin où il leur soit donné de tracer autre chose que des rêves grossiers et de sensuelles images. L'industrie, oui, l'industrie elle-même nous revient, et à mesure que dans l'usine l'esprit de famille succède à l'esprit de spéculation inhumaine, le Crucifix rentre dans les ateliers, et au milieu des longs bâtiments symétriques s'élève l'Église et la maison des sœurs. Et je ne parle pas encore des âmes aimantes et des cœurs purs, des mères inquiètes et des hommes désabusés, des héros généreux et des orphelins timides, qui se tournent vers nous, nous assaillent, nous environnent, demandant à l'Église le seul abri qui soit encore debout au milieu d'une société si dévastée, contre la tempête du doute, de l'abandon, du désespoir, de la tentation, de la mort.

Oui, je le répète, en attaquant Jésus, aveugles ennemis, vous avez prouvé encore une fois ce qu'il vaut, et ce qu'il pèse dans les destinées humaines. Le lendemain d'un attentat contre le Souverain, la nation se confond et s'empresse autour de lui; un coup de poignard manqué met tous les cœurs de son côté. Le lendemain d'un attentat contre le Souverain Maître du monde, la partie noble du genre humain se révolte et bondit en quelque sorte, impatiente et honteuse. Je suis prêtre, et ce que je vous dis là je le vois.

Oui, je vois, à travers tant de persécutions, des retours plus que jamais nombreux, et j'en prévois de plus nombreux encore pour un avenir qui touche au présent.

L'Evangile nous raconte qu'après la mise au tombeau du Seigneur, Pierre dit à ses compagnons : « Je vais pêcher. » C'était la nuit ; peu le suivirent ; ils ne prirent rien. La fatigue et le découragement les saisit. Mais à peine l'aurore avait-elle rougi les nuées, qu'ils virent sur le rivage, venant à eux, Jésus, qui était là, et leur dit : « Jetez vos filets de ce côté, ayez confiance, ne vous lassez pas, » et l'un des apôtres s'écria : *Dominus est.* C'est lui, c'est le Seigneur !

Ne tremblons pas, allons pêcher, traversons la nuit, détournons nos yeux de ce jour qui tombe pour les tourner vers la nouvelle aurore. Le Maître est là sur la rive, il nous attend, et la pêche, demain, sera miraculeuse.

Ah! j'en demande bien pardon à ceux qui croient, en présence des attaques multipliées aujourd'hui contre la religion, que l'impiété a fait d'immenses progrès. Mon opinion est toute différente. Je me sens aujourd'hui plus tranquille, plus sûr du présent et de l'avenir que je ne l'étais il y a quarante ans. Je n'oublierai jamais les peines qui se pressaient alors dans mon âme : je venais de dire ma première messe, et je sentais la terre trembler sous mes pieds. Sauf l'accueil très-bienveillant de quelques anciennes familles, je rencontrais partout un lâche respect humain, une indifférence glaciale, je ne sais quel dédain de l'Eglise, de ses lois, de son autorité, je ne sais quelle défiance de mon ministère, que dans la jeunesse de mon âme et de mon sacerdoce, j'avais bien de la peine à comprendre.

C'était très-dur, et il fallait élever bien haut son cœur pour retrouver la sérénité au-dessus d'un horizon chargé alors de nuages si épais. C'était en 1827, 1828, 1829.

Puis vint le coup de foudre de 1830. L'impiété se crut un moment maîtresse. Mais Dieu avait d'autres desseins. Chose étrange, après le premier étonnement, on respira. Et depuis ce temps, nous avons toujours marché vers la lumière, et aujourd'hui, après quarante années de tristesse, de luttes, et souvent aussi de victoires, bien que les temps soient mauvais, et qu'il faille regarder encore de près aux abîmes, aujourd'hui, il me paraît plus facile de s'élever dans la splendeur vraie du christianisme, d'agir sur les âmes dans un horizon libre et pur, dans ces grands espaces éclairés de Dieu où on est à l'aise avec tout adversaire.

On sent que les grandes vérités et les grandes vertus chrétiennes retrouvent chaque jour leur pouvoir; on sent que l'œuvre divine se fait, et qu'on y attire enfin les hommes, parce qu'on s'y dégage plus facilement soi-même des craintes et des joies, des vues et des intentions humaines, dans l'incorruptibilité et la modération de l'esprit, dans la paix d'une action simple et forte, mesurée, désintéressée, indifférente au succès personnel, et qui permet d'être là pour tous l'homme de cœur dont parlait saint Paul : *Cordis Homo.*

Et si je regarde avec soin dans la mêlée, en voyant l'ardeur et le dévoûment des uns, l'excitation et la fureur des autres, je me dis : Certes il faut que la Religion soit redevenue une bien grande puissance, pour susciter de telles haines et de tels amours. Elle ne jouissait, il y a quarante ans, que d'une tranquillité apparente, dont la révolution de Juillet montra vite l'illusion. Aujourd'hui tout ce qui intéresse la religion, émeut les âmes. Pie VII, jouet de la force et du malheur, inspire à nos souvenirs plus d'admiration qu'il n'en inspirait aux contemporains de ma jeunesse; et voici qu'autour de Pie IX, depuis dix-sept années, la force, la ruse, la colère, la haine, la lâcheté s'ameutent, se coalisent, s'agitent, tournent, approchent, s'éloignent, reviennent, sans que la fidelité se lasse et sans que l'usurpation ose avancer la main et porter le dernier coup !

S'il parle, en Angleterre, en France, en Allemagne, en Russie, en Amérique, un frémissement universel répond, comme si une grande voix venait d'éclater à la fois sur tous les sommets du monde.

S'il se tait, on s'inquiète, on s'interroge, et ceux même qui ont trouvé tout simple de disposer de lui sans lui, ne se contentent pas tranquillement de son silence, et ils se demandent : Que pense-t-il donc? et pourquoi ne le dit-il pas?

Ah! c'est que la vérité catholique a retrouvé son écho au fond de toutes les consciences : du fond de toutes les âmes de ce temps, il s'élève une question jusqu'à Jésus-Christ : on s'incline ou on se débat sous sa main divine. Il est de ceux qu'on hait ou qu'on adore; on l'aime, ou on le déteste, mais on ne l'ignore plus ! Son nom est, comme disait autrefois saint Paul, au-dessus de tout nom : *Super omne nomen*, et son Evangile est le premier besoin des âmes. Ennemis de Dieu, vous avez été, sans le vouloir, les auxiliaires de ses prédicateurs, et je rends grâces à vos haines, qui auraient proclamé, s'il avait eu besoin de l'être et fait retentir le nom de mon maître, Jésus, Sauveur du monde.

Non, non, pauvres ennemis, puissances d'un moment, quand vous auriez abattu le trône du Pape, vous n'en auriez pas fini avec l'Eglise, ni avec le Pape !

Mais vous, mes amis, fatigués et découragés, qui ouvrez les yeux dans la nuit, ne vous laissez ni prendre par l'abattement, ni surprendre par l'illusion. Ne faites pas le mal, sous ce prétexte que Dieu en peut tirer le bien ; ne cessez pas de ramer, quoique Dieu puisse mener la barque ; ne rêvez pas des lendemains glorieux à des journées coupables. L'histoire nous prouve que le lendemain des révolutions ne s'appelle pas le progrès ; la maison a beau être assurée, ne mettez pas le feu et ne justifiez pas les incendiaires. L'espérance doit être une vertu virile, non une gageure fataliste, une bravade mystique, une hallucination puérile.

Quelques-uns croient que tout sera pour le mieux, si le pouvoir temporel se transforme.

Je leur rappelle que tous les Evêques du monde réunis en assemblée l'ont déclaré utile à l'Eglise, et que tous les politiques du monde ont cherché une autre garantie d'indépendance sans la découvrir encore.

Dans l'état actuel des nations, quand la liberté de l'Eglise est partout liée et niée, imaginez-vous que le Pape soit le sujet d'un souverain quelconque, même le meilleur, obligé aux relations d'un Evêque avec un Préfet, même le meilleur.

En tous cas, en face de l'avenir, que savez-vous? Ne détruisez pas, ne pouvant ni créer, ni défendre, ni prévoir.

Que sais-je moi-même de ce qui se passera dans deux ans?

Peut-être serai-je mort, et c'est pourquoi, entre autres raisons, j'ai voulu soulager ma conscience en parlant aujourd'hui.

Je suis vieux et fatigué par de longs combats. Mais le saint vieillard du Vatican a bien plus souffert, et bien plus combattu! Avec quelle admirable sérénité, cependant, il conserve, il répand l'espérance.

Le jour même où M. le ministre des cultes écrivait aux Évêques de France, Pie IX bénissait les officiers et les soldats français, conduits par leur chef, fils d'un héros du premier Empire. Aimant à rappeler les services qu'il a reçus de la France, le Saint-Père s'est écrié : Je prie Dieu qu'il inspire à l'Empereur et aux Souverains la justice, *justitiam et judicium* !

Justice! c'est bien le mot que je veux une fois de plus prononcer avec lui et pour lui devant Dieu et devant les hommes.

Il résume tout ce que j'ai voulu dire.

Si les Evêques ne sont pas libres de publier les paroles du Chef de l'Église, déjà défigurées par les journaux, cela n'est pas juste.

Si le Piémont, favorisé dans ses derniers desseins, est placé au poste glorieusement occupé par la France, cela n'est pas juste.

Si l'on parle des réformes demandées à Rome, et si l'on

se tait sur les attentats ordonnés à Turin, cela n'est pas juste.

Si l'on autorise la création de nombreux journaux qui attaquent l'Eglise, et si on refuse d'autoriser ceux qui voudraient la défendre, cela n'est pas juste.

Si l'on voit dans les dernières paroles du Pape autre chose que la légitime proclamation de la vérité immuable, que la nécessaire condamnation de la liberté illimitée, cela n'est pas juste.

Si l'on oublie que la Religion de Jésus-Christ est, a été, sera, la divine bienfaitrice des hommes, la consolatrice et la réformatrice du monde, cela n'est pas juste.

Vous, mon Dieu, vous êtes juste, et je vous confie mes peines, mes efforts et mes inébranlables espérances!

La polémique suscitée par ma brochure m'a amené à adresser au rédacteur en chef du *Journal des Débats* la lettre suivante. Je crois utile de la reproduire ici.

A M. le directeur-gérant du Journal des Débats.

Paris, le 7 février 1865.

Monsieur,

Je lis dans votre Numéro d'hier (6 février) un article d'un écrivain qui se cache sous la signature du secrétaire de votre rédaction.

Cet écrivain m'appelle un *habile politique, m'entendant à demi-mot avec le cardinal Antonelli*. Il ose afirmer que j'ai cru devoir *atténuer, adoucir* et *transfigurer* l'Enyclique du 8 décembre.

Ce rédacteur inconnu se cache. Il fait bien. Je m'en rapporte à lui, quel qu'il soit, supporterait-il qu'on lui dise en face qu'il est un habile et qu'il manque à la sincérité? Ce que cet anonyme ne supporterait pas, vous trouverez bon que je ne consente pas à l'accepter.

Je connais, Monsieur, la manière de raisonner commune à quelques-uns de mes adversaires. Je connais leur polémique, leur politique, leur tactique, leur conclusion.

Leur polémique consiste à ne pas citer mon écrit, à lui refuser la publicité, spontanément accordée par *le Siècle*, largement tolérée, j'aime à le constater, par le gouvernement, et à extraire quelques-unes de mes phrases, en les dénaturant.

Leur politique consiste à avoir à la bouche les libertés de 1789 et à la main les entraves de 1682.

Leur tactique consiste à diviser les catholiques, à les opposer les uns aux autres, à essayer de faire battre les uns par les autres.

Leur conclusion enfin consiste à dire aux évêques français : « Vous trompez le public par des commentaires agréables. Nous, les journalistes, nous sommes les orthodoxes, les sincères, les ultramontains, les hommes de foi ; vous, les évêques, vous êtes les habiles, les hommes d'esprit, les politiques. »

Je ne suis dupe de rien de tout cela, et ne répondrai rien, Monsieur, à votre polémique et à votre politique.

Vous n'obtiendrez pas non plus un mot de moi sur nos divisions. Est-ce qu'il en peut être question en effet dans ce moment ?

Quoi ! le Souverain-Pontife parle à l'Église tout entière ! Gardien universel de la foi qui est une, il n'attaque ni les lois ni les institutions de notre pays, il ne s'occupe pas des opinions libres qui peuvent diviser les hommes, il ne descend pas aux petites querelles ; gardien de la pure charité, il ne songe qu'à unir, à éclairer ses enfants ; il n'a voulu nommer ni exalter personne, et nul n'a ici de satisfaction personnelle à chercher, mais des avertissements solennels et nouveaux dont chacun doit faire son profit. Le Pape ne songe qu'au triomphe de la vérité et au bien des âmes. Ah ! Monsieur, en présence de ce grand exemple, je prends en compassion ceux qui s'imaginent qu'on pense à eux, qu'on a en vue ceux-ci ou ceux-là, et qui se présentent au public avec le sourire content de ces bonnes femmes de nos villages qui, pendant le sermon, ne sont occupées qu'à en appliquer toutes les sévérités à leurs voisines.

Pour moi, je me suis appliqué dans mon écrit à ne pas prononcer un mot, un seul, qui pût donner prétexte à ces mesquines injustices. Ce mot, vous ne me l'arracherez pas.

Mais vous dites que j'ai manqué à la sincérité, que *je m'entends à demi-mot avec le cardinal Antonelli*, etc.

Non, Monsieur, j'ai dit la simple vérité. Presque tous mes collègues l'ont dite avant moi, chacun dans la forme qui lui a convenu, entre les étroites limites qui nous étaient imposées. Tous n'ont eu qu'un but, défendre le Pape, éclairer, rallier et relever les fidèles.

Nous avons tous défendu l'Encyclique contre vous, contre les fausses interprétations et votre infidèle traduction. L'épiscopat est unanime, le Saint-Père nous approuve, la France nous comprend.

Nous avons le droit de demander, Monsieur, que vous supposiez à chacun de nous, avec la foi d'un évêque, la bonne foi d'un honnête homme. Et, pour ma part, je demande que votre secrétaire me traite comme votre meilleur écrivain traite un auteur protestant dans le numéro même où je suis attaqué.

Dans ce même numéro, M. de Sacy, louant l'auteur d'un *Voyage au pays de l'Évangile*, s'écrie : « Avant tout, c'est un croyant, l'âme de son âme, c'est la foi. »

En lisant ces mots et ce titre, par un mouvement involontaire ma pensée s'est portée vers mon pays, qui vient d'accorder aux paroles de ses évêques une attention si remarquable. Savez-vous quel est le véritable *Pays de l'Évangile*, la fille aînée de l'Église ? C'est toujours la France. Comme elle tient à l'Église par le fond de ses entrailles ! Comme elle craint de se brouiller avec elle ! On veut, dans la patrie de l'honneur et du bon sens, défigurer l'Église, on couvre ses traits et sa parole d'un masque grossier ; on la représente haïssable et déraisonnable, surannée. On veut nous étouffer, nous diviser, nous diffamer. Cela réussit un moment, et parfois la France s'éloigne, comme ce jeune homme de l'Évangile dont il est dit qu'il s'éloigna avec tristesse, *abiit mœrens*, mais si l'Église parle elle-même, si elle fait entendre sa voix ferme, douce et sensée ; si le masque tombe, si la figure et la parole du père commun sont débarrassées par tous ses fils respectueux du voile jeté par des mains ennemies, alors la France se retourne, respire et s'incline devant la chaire de vérité.

Voilà ce que nous voyons en ce moment. Non, non, ce ne sont

pas des phrases qui plaisent et qui triomphent dans notre pays. Nous assistons à la rencontre imposante et touchante de la loyauté des évêques avec la conscience de la France.

Ce spectacle, Monsieur, dédommage le Saint-Père et nous de toutes les attaques. Cependant je ne pouvais laisser passer en silence celles qui touchaient directement à mon honneur. Je suis prêt à laisser tout incriminer dans mes écrits, dans mes actions, dans ma personne, presque dans mes intentions, tout, excepté la sincérité.

J'attends de votre loyauté l'insertion de ma réponse.

Veuillez agréer, Monsieur, l'hommage de ma considération distinguée.

† FÉLIX, Évêque d'Orléans.

P. S. Au moment même où je vous envoie cette lettre, on m'apporte le *Journal des Débats* de ce matin (8 février), qui contient encore six colonnes pour discuter contre moi l'histoire des invasions piémontaises. D'autres journaux ou revues s'attaquent de même à chaque mot de mon écrit rapide. C'est leur droit. Je ne puis répondre à tous, et en vérité cela ne me semble pas nécessaire.

M. Havin, député, qui reçoit une indemnité, s'étonne que je parle librement, recevant un traitement. Je demande à tous les magistrats de mon pays si, en les payant, on les achète? (1).

M. Yung, copiant M. Forcade, dit que j'accuse à tort le Piémont, car le Piémont n'aime pas plus que moi la Convention du 15 septembre. Oui, il ne l'aime pas, en tant qu'elle mène à Florence, mais il l'aime en tant qu'elle conduit à Rome, et c'est ce que j'ai voulu démontrer.

Coupons court à tout ceci. J'ai voulu protester et je proteste contre toutes les spoliations dont le Pape a été victime, sans en excepter aucune, comme j'ai voulu défendre et je soutiens sans exception toutes les vérités qu'il enseigne.

(1) Le *Journal des Débats* n'a pas reproduit cette phrase. C'était son droit peut-être. Je ne pense pas toutefois que dans cette phrase il y eût rien qui pût être pénible à M. Havin.

TABLE

Discours prononcé au Congrès de Malines, par Mgr l'évêque d'Orléans, le 31 août 1864, sur l'enseignement populaire. In-8. . . 2 fr.

La Souveraineté pontificale, selon le droit catholique et le droit européen, par Mgr l'évêque d'Orléans, de l'Académie française ; 3e édition. 1 fort vol. . . . . 3 fr.

Souvenirs de Rome, offerts par Mgr l'évêque d'Orléans, au clergé de son diocèse. In-8. . . . . 2 fr.

La charité chrétienne et ses œuvres, par Mgr l'évêque d'Orléans, de l'Académie française, 1 vol. in-8.. . . . . 4 r.

— Le même. 1 vol. in-12. . . . . 2 fr.

Instruction sur l'Œuvre des catéchismes, par Mgr l'évêque d'Orléans, de l'Académie française. In-8.. . . . . 2 fr. 50

Méthode générale de catéchisme, recueillie des ouvrages des Pères et des docteurs de l'Eglise et des catéchistes les plus célèbres depuis saint Augustin jusqu'à nos jours, par Mgr l'évêque d'Orléans. 3 beaux vol. in-18.. . . . . 6 fr.

De l'Éducation, par Mgr l'évêque d'Orléans, de l'Académie française.

1re SÉRIE.

Tome Ier. — *Du respect dans l'éducation.*

Tome IIe. — *De l'autorité dans l'éducation.*

Tome IIIe. — *L'homme d'éducation.*

Le Tome IIIe. *L'homme d'éducation* est le seul volume de cet ouvrage qui se vend séparément au prix de. . . . 7 fr. 50

3 vol. in-8. . . . . 22 fr. 50

— Le même. 3 vol. in-18. . . . . 10 fr. 50

2e SÉRIE.

Tome IVe. Soit Tome Ier. *De la haute éducation.* 1 vol. in-8. 7 fr. 50

POUR PARAITRE PROCHAINEMENT :

Les Tomes Ve et VIe. Soit les tomes IIe et IIIe. *De la haute éducation intellectuelle.*

Itinéraire de Turin à Rome, par le comte de Falloux de l'Académie française. 1 vol. in-12.. . . . . 2 fr. 50

PARIS. — IMPR. V. GOUPY ET Cᵉ, RUE GARANCIERE, 5

www.ingramcontent.com/pod-product-compliance
Lightning Source LLC
Chambersburg PA
CBHW052359090426
42739CB00011B/2432